Janvier 2011

Berlitz®

Croisières en
Méditerranée

Texte Tom Le Bas et Clare Peel
Rédaction Isabelle et Olivier Fleuraud
Adaptation Annette Vaucanson
Photo de couverture Corrie Wingate
Direction éditoriale Carine Tracanelli

Berlitz® GUIDE DE VOYAGE

Croisières en
Méditerranée

Tous droits, en particulier de reproduction, de diffusion et de traduction, sont réservés. Sans autorisation écrite d'Apa Publications, il est interdit de reproduire cet ouvrage, même partiellement, d'en faire des copies ou de le retransmettre par quelque moyen que ce soit, électronique ou mécanique (photocopie, microfilm, enregistrement sonore ou visuel, banque de données ou tout autre système de reproduction ou de transmission).

CRÉDITS PHOTOGRAPHIQUES

Kurt Ammann 130 ; Pete Bennett 71, 73, 89, 90, 91, 92, 93, 140, 142, 143, 145, 159, 160, 161, 162, 176, 179, 180, 181, 187, 188, 189, 191, 199, 201, 226, 228 ; Berlitz 59, 217 ; Elizabeth Boleman-Herring 10, 170, 171 ; Chris Bradley 223 ; Conor Caffrey 135 ; Chris Coe 25, 27, 33, 36, 65, 119, 120, 121, 123, 127, 131, 132, 133, 137 ; Jon Davison 74, 126 ; Jerry Dennis 9, 34, 35, 39, 41, 67, 102, 103, 104 ; Guglielmo Galvin 109 ; Glyn Genin 30, 48, 52, 95, 122, 125, 139, 141, 144, 183, 184-185 ; Chris Godet 129 ; Frances Gransden 110; Mike Griffiths 56, 58 ; Tony Halliday 14, 193, 194, 195, 197, 198 ; Britta Jaschinski 51 ; Axel Krause 224, 227 ; Ros Miller 12 ; Anna Mockford et Nick Bonnetti 7, 172, 173, 175 ; Paul Murphy 204, 205 ; Gary John Norman 11, 57, 61, 64, 214 ; P&O Cruises 18 ; Sarah Louise Ramsey 15 ; Mark Read 16, 17, 45, 47, 68, 96, 97, 98, 99, 100, 150 ; Neil Schlecht 21, 29, 42, 43, 46, 50 ; Gordon Singer 55 ; George Taylor 203, 206 ; George Taylor et Guglielmo Galvin 105, 107 ; Turismo de Lisboa 76 ; V&A Picture Library 8 ; Bill Wassman 53, 54, 76, 77, 79, 81, 83, 84-85, 87, 111, 112, 158 ; Phil Wood 13, 31, 114, 115, 116, 117, 208, 210, 211, 212 ; Gregory Wrona 62, 63, 128, 147, 149, 152, 153, 155, 157, 164, 167, 177, 178, 190, 216, 218, 220.

CONTACTEZ LES ÉDITEURS

Bien que l'exactitude des informations présentées dans ce guide ait été soigneusement vérifiée, elle n'en est pas moins subordonnée aux fluctuations temporelles. N'hésitez pas à nous faire part de vos corrections ou de vos suggestions à l'adresse suivante : Berlitz Publishing, PO Box 7910, Londres SE1 1WE, Angleterre.
Fax (44) 20 7403 0290 ;
e-mail : berlitz@apaguide.co.uk
www.berlitzpublishing.com

Une église d'un blanc éclatant sur fond de mer turquoise : les îles Grecques (p. 168) à leur plus envoûtant.

L'œuvre étrang[e] et colorée de G[...] donne le ton d'[une] visite à Barcel[one] l'élégante (p. 4[...] la deuxième vi[lle] d'Espagne.

Eternellement mystérieuses, les pyramides de Guizèh (p. 227) continuent de fasciner les visiteurs.

LES INCONTOURNABLES

isée
), avant-
onu-
des
s de
ville
le. ▼

De tous les sites classiques
qui évoquent la Grèce antique,
le Parthénon d'Athènes (p. 159)
est le plus extraordinaire.

◄

Souks arabes et vestiges
romains font partie des atouts
de la Tunisie (p. 214). ►

◄

L'éblouissante
Alhambra (p. 35)
est le joyau de
Grenade, au sud
de l'Espagne.

empires
marqué
'histoire
Istanbul
(p. 193).

►

Escales chic, villages perchés
et arrière-pays verdoyant font le
charme de la côte d'Azur (p. 77). ▼

Incroyablement belle
et élégante, Venise
(p. 120) est sans égale.

SOMMAIRE

CROISIERES EN MEDITERRANEE

Douglas Ward, auteur du guide annuel de croisière Berlitz Ocean Cruising and Cruise Ships, *expose ses réflexions sur l'attrait grandissant des vacances sur l'eau.*

Depuis *L'Iliade* de Homère, un poème épique de l'Antiquité se déroulant en Méditerranée, la région n'a cessé d'exercer un attrait puissant sur les voyageurs. Cette magie nourrie de rêves, véritable chant des sirènes, ne s'est jamais démentie au fil des siècles. En 1844, P&O offrit au journaliste anglais William Makepeace Thackeray une croisière en Méditerranée orientale, qu'il accepta avec joie. Dans son récit de voyage, il écrivit ensuite que, lorsque le navire entra dans la baie de Gibraltar, les eaux étaient plus bleues que tout ce qu'il avait jamais vu, « *hormis les yeux de Mlle Smith* ».

Dès les années 1920, croiser en Méditerranée était devenu monnaie courante, avec des départs d'Angleterre pour une durée de trois semaines au moins. Une étape importante fut franchie en 1961 lorsque la compagnie Epirotiki lança une formule avion + croisière, comprenant les vols, le transfert entre l'aéroport et le port, et une nuit d'hôtel pour les personnes souhaitant prolonger leur séjour. Aujourd'hui, une cinquantaine d'armateurs et de tour-opérateurs exploite une centaine de navires qui sillonnent la Méditerranée pour des croisières de trois à trente jours. La saison s'étend de mai à octobre, même si l'offre débute dès mars jusqu'en novembre.

Asphyxiées par les lourdeurs administratives, certaines autorités portuaires n'ont pas réagi face à l'accroissement constant du marché des croisières. Certaines font à peine le distinguo entre les car-ferries et les bateaux de croisière, partant du principe que tous les passagers ont des attentes uniformes. Des ports (Athènes, Barcelone, Cannes, Nice, Portofino et Venise) sont déjà saturés. Cependant, la situation s'améliore peu à peu. Les terminaux sont progressivement rénovés ou remplacés par des structures mieux équipées pour l'accueil des passagers, et les itinéraires ne cessent de s'enrichir de nouveaux ports d'escale. L'essor planétaire du marché des croisières est particulièrement flagrant en Méditerranée. Ces dernières années, la région est devenue la deuxième destination mondiale de croisière derrière les Caraïbes, mais elle est naturellement la première pour la clientèle européenne. Le marché devrait

Dans les eaux cristallines de Zante, en Grèce.

se développer plus encore dans les années à venir, car les croisiéristes ne s'adressent plus seulement en masse aux Nord-Américains et aux Européens, mais adaptent aussi leur offre selon la nationalité de la clientèle. Certaines croisières s'adressent aux familles entières, des plus jeunes aux grands-parents, tandis que d'autres refusent les enfants.

Aucune croisière ne peut faire escale dans chaque port, mais tous les navires permettent de découvrir confortablement le large éventail de traditions culturelles, historiques, architecturales, populaires et culinaires de la Méditerranée. Certains voyageurs sont attirés par le caractère éducatif lié à la découverte de cultures étrangères. D'autres apprécient la possibilité de prendre des vacances dans un environnement dépourvu de criminalité. D'autres encore y voient une occasion romantique de traverser les eaux de la Grande Bleue dans le sillage d'Ulysse. Après tout, les voyagistes ne sont-ils pas des marchands de rêve ?

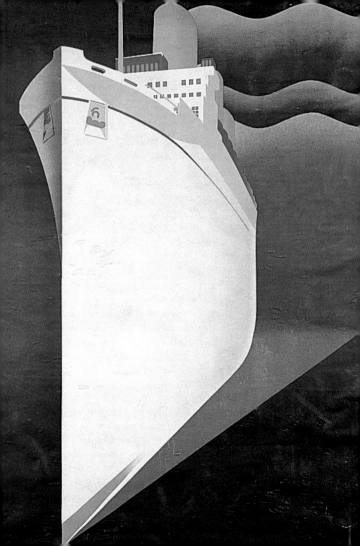

INTRODUCTION

Douceur de vivre : cette idée résume l'essence de la Méditerranée, tout comme l'arôme d'agrumes flottant dans l'air ensoleillé ; une terrasse dominant des oliveraies et des vignobles qui s'étendent à perte de vue ; les petites églises ornées de fresques au détour d'une colline ; les ruines antiques ; les rues pavées menant à des maisons d'un blanc éclatant et à une auberge ornée de faïences peintes ; des villas aux tuiles rouges appartenant à un charmant aristocrate ruiné ; ou encore des voiliers colorés dansant dans un port. La rêverie inclut parfois un spectacle de flamenco, une fête de la moisson ou encore l'appel à la prière d'un *muezzin*.

Lors d'une croisière, nul besoin de se contenter d'une image de carte postale de la Méditerranée. Un défilé de ports pittoresques révèle un kaléidoscope de cultures, des gondoles qui descendent le Grand Canal de Venise aux ferries du Bosphore, qui naviguent entre coupoles et minarets.

Un voyage en Méditerranée évoque civilisations disparues et cultures antiques, tout en visitant des villes trépidantes comme Barcelone ou Nice, où une gastronomie inventive fait écho aux cultures modernes qui s'y développent. Car la Méditerranée est riche de la plus grande diversité culturelle au monde pour un tel espace géographique. Ses flots baignent les rivages de la chrétienté et de l'islam, de l'Europe, de l'Afrique et de l'Asie.

**Ci-contre : paquebot art déco.
A droite : dôme florentin.**

Des identités préservées

Les pays méditerranéens ont connu invasions et mélanges de populations depuis plus de 5 000 ans. Sous le vernis apparemment uniforme de chaque nation, se cachent les traces de maintes civilisations disparues. Tout nouveau chantier révèle immanquablement des vestiges romains ou des colonnes classiques. Chaque pays reste pourtant obstinément lui-même. Guerres et vicissitudes n'ont pu diluer les identités nationales ou l'insularité. Ainsi, les Corses sont fiers de leurs différences avec les Français du continent, tandis que les Sardes minimisent l'importance de leur allégeance à l'Italie. Dans les îles Grecques, les habitants de Rhodes, de Crète ou

Chapelle Agios Arsénos, à Corfou.

de Corfou ne rejettent nullement leur identité grecque et leur patrimoine antique, mais leur fierté repose sur la glorification de l'histoire de leur île, qu'elle soit liée aux croisés, aux Minoens ou aux Vénitiens.

Les innombrables croisements de populations, loin d'uniformiser la région, ont créé un modèle de diversité, visible dans des enclaves minuscules comme Malte et Gibraltar autant que dans de plus grands pays comme l'Espagne, l'Italie, la Grèce ou la Turquie.

Les guerres

Le destin et le caractère des pays méditerranéens ont été

forgés par les guerres et les invasions. Après les batailles de l'Antiquité, peuples et croyances se sont affrontés. Les croisades chrétiennes, entre le XIe et le XIVe siècle, visaient à libérer la Terre sainte occupée par les musulmans. La Ière croisade (1095-99) permit de reprendre Antioche et Jérusalem, mais les massacres de musulmans et de juifs qui s'ensuivirent provoquèrent les représailles du monde arabe.

Une *Tinerfeña*, de Ténérife.

L'impact des croisades fut majeur. Dans le sillage des croisés et des pèlerins, des routes commerciales furent créées et des Européens s'établirent sur les côtes méditerranéennes. Plusieurs grands ordres militaires furent fondés, notamment les Templiers et les chevaliers de Saint-Jean, qui bâtirent châteaux et églises.

Conflits, commerce, culture

Certains territoires méditerranéens, comme Chypre ou Gibraltar, restent à ce jour l'objet de conflits de souveraineté. A une autre échelle, le conflit entre Israël et la Palestine sur la création d'un Etat palestinien demeure plus violent que jamais. Pourtant, le commerce, plus encore que les guerres, a façonné les civilisations du monde méditerranéen, brassant les influences artistiques et établissant des liens culturels.

De la littérature à la géométrie, de la mécanique à l'hydrostatique, les cultures ont emprunté les unes aux autres. Rien ne résume mieux le fruit de ces échanges que l'art et l'architecture. En Europe du Sud, l'architecture romane a adopté

Venise fut à la tête d'un puissant empire commercial.

des styles mauresques, et les Arabes eux-mêmes furent précédés par les Grecs, les Romains et les Byzantins, qui avaient disséminé leurs modèles architecturaux autour de la Méditerranée. Ainsi, les orfèvres, artisans et iconographes byzantins ornaient de mosaïques chatoyantes les murs de leurs innombrables basiliques.

Les grands empires commerciaux méditerranéens de Gênes, Pise, Venise et Barcelone englobaient toute la région. Le tissu culturel de ces villes s'est ainsi enrichi d'influences byzantines, mauresques, romanes et espagnoles. Tout remonte pourtant à la Grèce antique et à la diffusion de la culture hellénique : le temple d'Artémis à Ephèse, aujourd'hui en Turquie, comptait parmi les Sept Merveilles du monde antique ; la ville fut fondée par les Grecs au IVe siècle av. J.-C.

Le berceau de la civilisation

La Grèce, berceau de la civilisation classique, a marqué profondément la mythologie, les mathématiques, la science, l'architecture, la sculpture et la philosophie, ainsi que la politique avec les prémices de la démocratie. L'architecture atteignit son apogée à la période classique, avec le Parthénon. Sa parfaite symétrie reste un point de repère inébranlable dans la vie tumultueuse des Athéniens.

A la période hellénistique, qui s'étend de la mort d'Alexandre le Grand en 323 av. J.-C. à l'accession de l'empereur romain Auguste en 27 av. J.-C., le mode de vie grec s'imposa à l'ensemble du monde méditerranéen.

Voyage dans le temps

Après le déclin de la Grèce antique, Rome s'imposa en Europe et la culture classique se déplaça vers l'ouest. Le patrimoine méditerranéen reste d'ailleurs marqué par la rivalité opposant ces deux civilisations. Non pas qu'elles aient jamais été aux antipodes l'une de l'autre : le modèle romain, avec sa mythologie et son architecture d'inspiration hellénique, reposait sur l'influence grecque classique. Ainsi, les vestiges grecs d'Italie du Sud surpassent souvent ceux de Grèce. Mille ans plus tard, la Renaissance italienne se tourna à nouveau vers la Grèce antique pour s'inspirer de sa philosophie, de ses principes élémentaires, de sa littérature, de ses enseignements et de ses arts.

Mosaïque byzantine à Chíos

Le pourtour méditerranéen est ponctué de vestiges romains, de Carthage en Tunisie à Baalbek au Liban. L'Empire romain produisit la langue latine, un calendrier universellement reconnu et un ensemble cohérent de textes de loi, sur lesquels reposent bien des systèmes législatifs européens actuels. Autres legs romains : le christianisme et le siège de la papauté à Rome.

Sainte-Sophie, à Istanbul.

L'Orient mystérieux

L'histoire d'Istanbul remonte à la fois aux Grecs et aux Romains. Fondée par les Grecs vers 676 av. J.-C. sous le nom de Byzantion (Byzance), la ville fut rebaptisée Byzantium par les Romains. Sous Constantin, le premier empereur chrétien, elle devint Constantinople, capitale de l'Empire romain d'Orient (ou Empire byzantin), qui dura jusqu'à la conquête par les Turcs en 1453. L'emprise de l'Empire ottoman fut sans égale, avec Constantinople au cœur de la Méditerranée orientale. Après une longue période de déclin, l'Empire ottoman s'éteignit finalement six siècles après sa création, lorsque la Turquie devint une république en 1922.

La grandeur du sultan et de sa cour alimenta le fantasme des *Mille et Une Nuits* et l'exotisme mythique de l'Orient. Les récits de la vie au harem, où des concubines plus belles les unes que les autres étaient emprisonnées pour le plaisir d'un seul maître, le sultan, captiva l'imaginaire masculin européen. Quintessence d'un univers secret de plaisir, le mythe du harem et de ses jolis oiseaux en cage exerce aujourd'hui encore une fascination durable.

Liens africains

L'Egypte, le Liban, le Maroc, la Tunisie et la Palestine sont regroupés sous les expressions de « rives sauvages de la Méditerranée », Levant ou encore « terres bibliques ». Les Egyptiens furent les premiers à naviguer en Méditerranée, à bord d'embarcations fluviales modifiées, dotées d'une coque à fond plat et propulsées par une seule voile. Alexandrie a perdu de son lustre, mais depuis le port, vous pourrez visiter la pyramide de Guizèh, la seule Merveille du monde préservée. Au Liban, Baalbek possède des ruines classiques parmi les mieux préservées du Moyen-Orient, et Byblos est une ancienne grande cité phénicienne.

Les deux principaux ports d'escale d'Afrique du Nord sont Tanger et Tunis. A la sortie de la capitale tunisienne, se trouvent les vestiges de Carthage, ville phénicienne conquise par les Romains. Le musée du Bardo, à Tunis, vaut le détour pour ses splendides mosaïques romaines, parmi les plus belles au monde. Issues de plusieurs sites d'Afrique du Nord, elles présentent des portraits et des scènes mythologiques ou maritimes. Nouvelle-venue du tourisme, la Libye est de retour sur la scène internationale depuis que le général Kadhafi s'est racheté une conduite. Son ouverture très récente au tourisme en fait une destination fascinante.

S'il est un pays qui peut se targuer d'entretenir des liens culturels étroits avec l'Afrique, c'est bien l'Espagne. Au début du VIIIe siècle, le pays fut conquis par les Maures, auxquels les Celtes et les Ibères opposè-

Masques funéraires en or, au Musée égyptien du Caire.

rent peu de résistance. Au cours des huit siècles qui s'ensuivirent, Cordoue fut un des hauts lieux culturels, scientifiques et artistiques du monde méditerranéen. L'âge d'or mauresque prit fin en 1492, lorsque la dernière dynastie fut expulsée vers l'Afrique du Nord. Les grandes villes comme Tolède, Grenade, Séville et Cadix se développèrent sous les Maures, si bien que certaines des églises les plus importantes étaient à l'origine des mosquées.

Quant aux palais, l'Alhambra de Grenade représente l'apogée de l'architecture mauresque en Espagne, voire de toute la Méditerranée. A Séville, les processions de la Semaine sainte réunissent le paroxysme émotionnel d'une fête chrétienne méditerranéenne et la passion mauresque sous-jacente. Des pèlerins en cagoules escortent des images sacrées au son fracassant d'une marche funèbre. A Cadix, une des plus anciennes villes d'Europe, le carnaval tumultueux précédant le carême témoigne d'un lien encore plus étroit avec le paganisme antique.

Le superbe Patio de Arrayanes, à l'Alhambra de Grenade.

L'Espagne est une destination de croisière prisée. Ses principaux ports d'escale sont Cadix, Málaga et Palma, qui donnent respectivement accès à Séville (Andalousie), à l'Alhambra de Grenade et à Majorque. Plus au nord, Barcelone se démarque des autres ports espagnols par une ambiance et un style résolument européens. Capitale de la Catalogne, elle est dynamique et exubérante, comme les plus grandes villes d'Europe, avec son église surréaliste inachevée (la Sagrada Família), ses rues aux musiciens talentueux, ses bars à *tapas* et ses boutiques de couture.

Un verre de rouge croate.

La gastronomie

La cuisine méditerranéenne est réputée comme une des plus saines du monde. Pour les Occidentaux, elle est le symbole du savoir manger, avec ses arômes puissants et ses ingrédients gorgés de soleil et d'une extrême fraîcheur. La consommation de nourriture et de boissons locales – notamment les vins rouges – est synonyme de longévité et d'une faible incidence de maladies cardiovasculaires et de cancers. Regorgeant de légumes, d'huile d'olive vierge, d'ail, de miel, de tomates, de pâtes, de riz, de poisson et d'agrumes, le régime alimentaire méditerranéen détient donc le secret de la santé.

A Barcelone, à Bodrum, à Taormine ou à Tunis, vous retrouverez certes les mêmes ingrédients de base, mais préparés en d'infinies variations. De la taverne grecque traditionnelle à la *trattoria* italienne familiale, en passant par le bar à *mezze* libanais, vous dégusterez tous les grands classiques de la cuisine méditerranéenne – pain arrosé d'huile d'olive, sardines grillées à la tomate ou *chipirones* grillés à la braise – capables d'enchanter le plus blasé des palais.

ITINERAIRES

Les croisières en Méditerranée couvrent de nombreuses destinations et des régions d'une grande diversité, de la capitale catalane Barcelone aux stations chic de la côte d'Azur, des villes historiques italiennes aux îles Grecques paisibles et aux ports animés d'Afrique du Nord. Une fois choisis le type de bateau et l'itinéraire à suivre, selon le temps et le budget dont vous disposez, il s'agit de découvrir plus en détail les destinations que vous avez retenues.

Le présent guide est organisé par pays, avec une sélection d'escales dans ceux qui sont des ports d'attache ou qui figurent sur la plupart des croisières passant dans la région. D'autres en revanche accueillent seulement des petits bateaux ou des croisières spécialisées.

> **Pour profiter au mieux des excursions, faites vos recherches avant de débarquer. Ne réservez pas trop d'excursions : un emploi du temps surchargé se révèlera à la fois coûteux et épuisant.**

Certains ports servent surtout de porte d'accès à des villes ou des sites de grande beauté ou d'intérêt historique ou architectural. Dans ce cas, les sites sont traités plus en détail que le port lui-même. Tous les armateurs proposent des excursions à terre, mais ce guide explique comment effectuer ces sorties indépendamment.

Des changements de dernière minute peuvent survenir au cours d'une croisière, à cause du mauvais temps ou d'autres circonstances imprévues, si bien qu'une escale attendue avec impatience peut se trouver annulée sans préavis. Abstraction faite de ce genre d'éventualité, laissez-vous simplement transporter par votre hôtel flottant.

Un paquebot dans le port de Villefranche-sur-Mer, en France.

Le Portugal

Climat : le printemps et l'été sont les meilleures saisons. Les températures montent en mai et juin, puis le temps reste chaud, voire très chaud, jusqu'en septembre. L'Algarve mise à part, les nuits peuvent être fraîches, même en été. L'été est chaud dans tout le pays, avec une succession de journées ensoleillées.

Décalage horaire : GMT (heure d'été GMT+1).

Horaires : les magasins sont fermés le dimanche et les jours de fête patronale. En semaine, certains ferment deux à trois heures à midi.

Shopping : dentelle, tapis, poterie et céramiques, vannerie, porto, xérès et *vinho verde*.

Argent : l'unité monétaire est l'euro (€).

Jours fériés : 1er janvier ; Vendredi saint ; 25 avril ; 1er mai ; fête-Dieu ; 10 juin ; 15 août ; 5 octobre ; 1er novembre ; 1er, 8 et 25 décembre.

Etiquette : les Portugais sont courtois et accueillants. Sachez toutefois que s'étirer en public est considéré comme impoli.

Pourboires : les notes de restaurants incluent généralement le service, mais vous pouvez ajouter un petit pourboire si vous êtes particulièrement satisfait. Laissez environ 10% aux chauffeurs de taxi.

Sécurité : le Portugal est un pays sûr. Les régions touristiques comme l'Algarve connaissent une criminalité plus élevée, mais les violences à l'encontre de touristes restent rares. Signalez tout vol au poste de police le plus proche ou à l'office de tourisme. Signalez toute perte à la police dans un délai de 24 heures et obtenez une copie de la plainte pour votre assurance. Lisbonne est renommée pour ses pickpockets, qui sévissent en particulier dans le métro et sur Praça do Rossio. De nuit, évitez de vous promener seul dans Bairro Alto et Alfama.

Soins médicaux : les pharmacies portugaises *(farmacias)* sont reconnaissables à leur croix verte sur fond blanc (à l'extérieur ou en vitrine). En général, les pharmaciens sont de bon conseil.

Numéros d'urgence : urgences 112 ; pompiers 60 60 60 ; ambulance (Croix-Rouge) 301 77 77.

Les *azulejos* sont des carreaux de faïence peints à la main.

LE PORTUGAL

L e Portugal est un pays de navigateurs. Une escale s'impose donc dans son port principal, qui est également la capitale. L'approche de Lisbonne par l'estuaire du Tage (Tejo en portugais) constitue un spectaculaire prélude à cette ville riche d'une longue histoire maritime. La deuxième ville du pays, l'élégante Porto, figure également sur de nombreux itinéraires, tout comme Portimão, en Algarve, dans le sud du pays. Le chapitre se clôt par une île de l'Atlantique découverte par les Portugais en 1419, Madère, elle aussi souvent visitée par les bateaux de croisière.

Lisbonne

Lisbonne (Lisboa) gagna sa réputation au XVe siècle lorsque de grands navigateurs comme Vasco de Gama s'en servirent de base pour leurs expéditions vers l'Afrique et l'Inde. Contrairement aux autres capitales européennes, Lisbonne ne possède aucun monument immédiatement reconnaissable. Pourtant, son ambiance détendue et ses rues relativement peu bondées (seulement 700 000 habitants) en font une ville agréable à parcourir. Le centre-ville, Baixa, clairement délimité, est aisément accessible des deux quartiers préférés des visiteurs, Bairro Alto et Alfama. Lisbonne est également proche des deux belles stations balnéaires de Cascais et Estoril, ainsi que du village historique de Sintra, perché au sommet d'une colline.

Bien que la brume matinale masque parfois la vue, la remontée du Tage sur 15 km est très agréable. Vous passerez devant Belém et le monument des Découvertes, avec les statues du prince Henri le Navigateur et d'autres illustres explorateurs surplombant le fleuve. Après être passé sous le plus grand pont suspendu d'Europe, le paquebot accoste dans le

Vue sur Lisbonne depuis le Tage.

port principal, Doca de Alcântara, à environ 5 km du centre-ville.

Les croisiéristes proposent généralement une navette en bus entre le port et Praça do Comércio, la place principale sur le front de mer. Le centre-ville est aisément accessible par vos propres moyens. Profitez-en pour emprunter un des tramways historiques en bois ; le n°15, du centre à Belém, et le n°28, qui dessert Alfama, sont les plus pittoresques.

> **Bairro Alto est le meilleur quartier où aller dîner, car il regorge de petits restaurants typiques, les *tascas*. Vous trouverez aussi des restaurants animés sur les quais du front de mer, Doca de Santo Amaro. Parmi les spécialités, figurent l'*arroz de marisco* (un succulent plat de riz et de fruits de mer) et la *caldeirada de peixe* (un délicieux ragoût de poisson).**

Le centre-ville

Le centre-ville, qui regroupe les principaux sites d'intérêt, se compose de trois quartiers : Baixa, Bairro Alto et Alfama.

Aménagé après le séisme de 1755 qui détruisit la vieille ville, **Baixa** présente un plan en damier dominé par une architecture des XVIIIe et XIXe siècles. Il occupe la zone plate entre Bairro Alto à l'ouest et les collines abruptes d'Alfama à l'est, et s'étend de Praça do Comércio, une grande place piétonnière bordée d'édifices à arcades roses, à Praça do Rossio, englobant un arc-de-triomphe qui enjambe Rua Augusta et le principal quartier commerçant de la capitale, avec ses banques, ses cafés et ses restaurants.

Le faubourg bigarré d'**Alfama** est accessible en prenant à droite au nord de Praça do Comércio, puis en tournant dans Rua da Madalena, avant de continuer par n'importe quelle rue en pente sur la droite. Ces artères montent à la cathédrale, la **Sé** (ouverte dim-lun 9h-17h, mar-sam 9h-19h), puis au

Un tram monte péniblement vers Bairro Alto.

cœur d'Alfama, avec ses rues étroites, ses édifices médiévaux de style mauresque, ses balcons en fer forgé croulant sous les fleurs (ou la lessive à sécher) et sa pléthore de petits commerces et de bars.

Au-delà de l'angle nord d'Alfama, se dresse le **Castelo de São Jorge** (château Saint-Georges ; ouvert tlj 9h-21h avr-sept, 9h-18h oct-mars), l'ancienne citadelle des Maures ; la vue sur la ville et le Tage y est superbe.

De l'autre côté de Baixa, à l'ouest, **Bairro Alto** est un autre quartier historique aux rues étroites, désormais devenu huppé. Il est accessible à pied ou en tramway. L'**Elevador de Santa Justa**, un ascenseur centenaire situé près de **Praça do Rossio**, ne permet plus d'accéder à Bairro Alto, mais empruntez cette merveille métallique pour profiter de la vue et du café au sommet.

Les autres quartiers de Lisbonne

Parmi les sites à visiter, figure la **Fundação Gulbenkian** (ouverte mer-dim 10h-18h) qui expose l'impressionnante collection de beaux-arts et d'arts décoratifs du milliardaire arménien Calouste Gulbenkian, qui fit fortune dans le pétrole. Dans le quartier de Belém, ne manquez pas le **Padrão dos Descobrimentos** (monument des Découvertes), le **Mosteiro dos Jerónimos** (Monastère jéroninite ; ouvert mardim 10h-18h mai-sept, mar-dim 10h-17h oct-avr) et l'élégante **Torre de Belém** (tour de Belém), tous deux de style manuélin. Cette tour défensive du XVIe siècle protégeait les bateaux de la ville. Jadis plantée au milieu du Tage, elle se retrouva au sec lorsque le lit du fleuve se déplaça après le tremblement de terre de 1755.

S'il vous reste du temps, la splendide architecture et l'Océanarium de **Parque das Nações**, à l'extrémité est du front de mer, aménagé pour l'Exposition universelle de 1998 à Lisbonne, valent le détour.

Les résidences royales de la périphérie

Les environs de Lisbonne sont parsemés de palais aristocratiques, construits sur les promontoires verdoyants et exposés au sud de la Costa de Estoril. Le **Palácio Nacional de Queluz** (XVIIIe siècle) était une résidence d'été affichant un style baroque fantasque qui n'est pas sans rappeler le château de Versailles. Des acteurs en costume d'époque arpen-

Le monument des Découvertes de Belém.

tent les somptueux jardins, si bien que les visiteurs ont l'impression d'avoir fait un bond de 250 ans en arrière.

Pendant la Seconde Guerre mondiale, les familles royales de toute l'Europe se réfugièrent à **Estoril**, ce qui lui valut le surnom de « côte des rois ». Les somptueux hôtels et villas du secteur évoquent cette époque révolue. Aujourd'hui, les belles plages de sable et les casinos attirent toutes sortes de touristes. La station balnéaire de **Cascais**, plus à l'ouest, était également un lieu de villégiature apprécié de la famille royale portugaise au début du XXe siècle.

Inscrite au Patrimoine mondial, **Sintra**, à 30 minutes de Lisbonne, mérite une visite. Le **Palácio Nacional** en est le clou architectural. Cet ancien palais royal regorge de trésors du XIVe siècle, quand il servait de résidence d'été aux rois portugais. Plus ancien encore, le **Castelo dos Mouros** (château des Maures) est du VIIIe siècle, date de la conquête du Portugal par les Maures ; il fut repris par les chrétiens en 1147. La vue y est superbe, tout comme celle qu'offre le somptueux **Palácio da Pena**, perché plus haut sur la colline.

Porto

Située à l'embouchure du Douro, au cœur des vignobles, **Porto** (aussi appelée Oporto, qui signifie « le port ») est la deuxième ville du Portugal. Port et centre de commerce florissant depuis plus de 3 000 ans, cette ville élégante se distingue par des places imposantes, de larges avenues et de belles maisons de marchand du XVIIIe siècle. Les trois ponts qui enjambent les gorges profondes du fleuve comptent parmi ses

> **Si vous avez le temps, visitez une des caves de Ribeira, à Porto. Après un résumé de l'histoire du porto (inventé lorsque des marchands ajoutèrent de l'eau-de-vie dans le vin rouge du Douro pour mieux l'expédier), vous aurez droit à une séance de dégustation.**

Le quartier portuaire pittoresque de Cais da Ribeira.

monuments les plus célèbres ; le plus connu est le pont routier Donna Maria Pia, à deux étages, signé Gustave Eiffel.

En arrivant au port, ne manquez pas les *barcos rabelos*, des bateaux traditionnels à fond plat qui jadis transportaient le vin depuis la vallée du Douro jusqu'aux chais de Ribeira.

Le port principal se trouve sur la rive sud du Douro. Plus loin sur la côte, **Leixos** est la station balnéaire de Porto. Son port artificiel fut aménagé au XIXe siècle pour délester les quais surpeuplés du Douro. Le pont Dom Luis I relie directement le port à Ribeira, le plus vieux quartier de Porto, célèbre pour ses caves de porto.

Le quartier médiéval de **Ribeira**, sur la rive nord du fleuve, est plus pittoresque que la ville moderne de Porto, notamment autour de la **Sé** (cathédrale) du XIIe siècle, dans Terreiro del Sé. Le **Palácio do Bisbo** (palais de l'Archevêque), sur la place de la cathédrale, contient d'autres trésors. Son musée abrite de belles collections d'argenterie, d'étain et de céramiques européennes et orientales. Prenez Avenida Dom A. Henriques, puis à gauche dans Rua dos Clérigos, où se dresse le clocher de la magnifique **église dos Clérigos** (XVIIIe siècle). A l'ouest du clocher, près de Rua de Restauraçao, le **Nacional Museu Soares dos Reis** (ouvert mer-dim et mar matin) est une ancienne résidence royale. Il expose aujourd'hui des tableaux du XVIe et des œuvres du sculpteur Antonio Soares dos Reis (XIXe siècle).

Portimão

Ville médiévale de l'Algarve, **Portimão** est un port de commerce actif et le premier centre de conserverie de sardines de la région. La plupart des visiteurs y viennent surtout pour pratiquer le golf et profiter du sable et du soleil, mais aussi pour la pêche hauturière et l'ornithologie près de l'estuaire.

Les bateaux de croisière remontent l'embouchure du fleuve pour accoster. Au fil de l'eau, défilent d'imposantes falaises de grès et les formations rocheuses sculptées par l'érosion des plages de l'Algarve. Les ruines de la Fortaleza de Santa Catarina (XVIe siècle), à Praia da Rocha, sont couleur de sable. Seuls les petits bateaux s'amarrent dans le port. Les passagers des paquebots sont transbordés à terre. La plupart des armateurs proposent des navettes vers le centre-ville et la plage, à 3,5 km du centre. Le port concentre l'essence de Portimão ; c'est un lieu idéal pour déguster la spécialité locale, les *sardinhas grehadas* (sardines grillées) dans un des restaurants qui bordent les quais.

Au centre-ville, Largo 1° de Dezembro est un parc aménagé au XIXe siècle. Ses dix bancs décorés de splendides *azulejos* bleu et blanc illustrent dix événements-clés de l'histoire du Portugal. Dans Rua Machado dos Santos, l'**église Nossa Senhora da Conceição** (XVe siècle) est perchée sur une colline au sommet d'un escalier. Jaune et blanche, elle arbore un portique gothique orné de chapiteaux sculptés.

Madère

Surnommée « l'île aux fleurs » en raison de la grande variété de plantes qui s'épanouissent sous son climat sub-tropical, **Madère** (Madeira) est depuis longtemps une destination touristique prisée. Rarement trop chaude en été et jamais glaciale en hiver, Madère arbore un charme suranné. Les tentatives pour attirer une clientèle plus jeune ont échoué car Madère n'est pas connue pour sa vie nocturne et ses plages. Les paysages, le shopping et les visites constituent la véritable attraction. Les hauteurs de l'intérieur de l'île offrent des vues spectaculaires ; la côte, dépourvue de plage, égrène de pittoresques villages de pêcheurs appréciés des artistes.

Madère figure sur les croisières dans les îles de l'Atlantique (les Canaries et Madère), et parfois sur les traversées transatlantiques en direction des Caraïbes. L'escale dure toujours une journée entière. Les bateaux lèvent l'ancre en

Le joli village de Câmara de Lobos reste un port de pêche actif.

début de soirée. Les navires s'arrêtent parfois sur l'île voisine de Porto Santo, qui a les plages qui manquent à Madère, mais pas grand-chose d'autre.

Funchal

⚓ **Funchal**, capitale, port principal et seule ville importante de l'île, se niche au cœur d'une baie en croissant de lune. Le dock, tout près du centre-ville, offre un superbe point de vue sur la capitale et les collines boisées qui la surplombent. En prenant à droite, le centre de Funchal n'est qu'à 10-15 minutes à pied, en passant soit devant le port de plaisance (Avenida do Mar) bordé de restaurants de poisson, soit devant l'office de tourisme situé sur l'avenue parallèle, Avenida Arriaga. Sur la côte, vers la gauche, se dressent la plupart des hôtels, y compris le Reid's, devenu un site touristique à part entière. Des bus et des taxis pratiquant des tarifs raisonnables desservent la route côtière.

La vieille ville de Funchal vue du Pico dos Barcelos.

La moitié environ de la population de l'île (250 000 habitants) vit à Funchal, ce qui en fait une des plus grandes villes du Portugal, mais elle a conservé son atmosphère de ville de province. Elle se parcourt facilement à pied, car les édifices et les boutiques les plus intéressants se trouvent sur **Praça do Municipio** et autour. Là, vous découvrirez une église du XVIIᵉ siècle et un ancien palais du XVIIIᵉ, aujourd'hui le Câmara Municipal (hôtel-de-ville). Tout près, la **Quinta das Cruzes** (ouvert mar-sam 10h-12h30 et 14h30-17h30, dim 10h-12h30) réunit un musée d'antiquités et de beaux jardins ouverts au public.

A mesure qu'on s'éloigne de l'océan, les étroites ruelles pavées deviennent plus pentues ; seuls les marcheurs les plus déterminés s'y aventureront. Une petite course en taxi vous conduira au magnifique **Jardím Botânico** (ouvert tlj 9h-18h, musée ouvert tlj 9h-13h30), dans Camiho do Meiro.

A 5 km de Funchal, le pittoresque village de pêcheurs de **Câmara de Lobos** domine une baie magnifique. Le Pico da Torre tout proche offre une vue époustouflante.

La vannerie en osier est un des principaux secteurs d'exportation de Madère. La variété et le nombre d'articles en vente sur l'île sont étourdissants. Plusieurs fabriques permettent de voir les ouvriers à l'œuvre, une activité qui s'avère fascinante, car les artisans utilisent non seulement leurs mains, mais aussi leurs pieds et leurs dents.

Certains croisiéristes organisent des sorties en hélicoptère, combinant la visite du point culminant de l'île (et la plus haute falaise maritime d'Europe), le **Cabo Girao**, et du Jardin botanique, puis une descente en toboggan madérien de **Monte** jusqu'au centre de Funchal.

L'Espagne

Climat : la côte méditerranéenne de l'Espagne connaît des étés chauds et des hivers doux. Les averses hivernales sont souvent entrecoupées d'éclaircies. La Costa Brava est très venteuse. Les Canaries bénéficient d'un temps chaud toute l'année.

Décalage horaire : GMT+1 (GMT+2 en été), sauf pour les Canaries (GMT en hiver et GMT+1 en été).

Horaires : les magasins sont ouverts de 9h30 ou 10h à 13h30 ou 14h et de 16h30 ou 17h à 20h. Exception faite des grands magasins, de nombreux commerces sont fermés le samedi après-midi en été.

Shopping : l'artisanat est de qualité, notamment les châles cousus et brodés à la main, les articles en cuir et en daim, la poterie, les perles de culture, les éventails, les paniers, les bijoux en argent, les céramiques et les tapis.

Argent : l'unité monétaire est l'euro (€).

Jours fériés : 1er et 6 janvier ; 19 mars ; Vendredi saint ; 1er mai ; 5 août ; 12 octobre ; 1er novembre ; 6, 8 et 25 décembre. Fêtes locales en l'honneur du saint patron de la localité.

Etiquette : les mini-jupes et les shorts sont malvenus dans les églises et autres sites religieux. Les épaules doivent également être couvertes ; certaines églises fournissent des châles.

Pourboires : le service est rarement compris dans la note des restaurants ; il faut alors laisser 10% du montant. Pour les chauffeurs de taxi, comptez également 10%.

Précautions : l'écran total et le chapeau sont essentiels en été. L'hygiène alimentaire a fait des progrès importants ; évitez toutefois de consommer du poisson le dimanche ou le lundi, car il pourrait ne pas être frais. Attention aux voleurs à la tire et aux pickpockets sur les marchés et dans les lieux fréquentés. Emportez vos médicaments avec vous. Les ordonnances étrangères ne sont pas acceptées.

Numéros d'urgences : police nationale 091 ; police municipale 092 ; ambulance/SAMU 061.

L'arène de Ronda.

L'ESPAGNE

L'étincelante côte espagnole reçoit presque tous les croisiéristes opérant en Méditerranée occidentale. L'Espagne surprend par la diversité de ses influences culturelles : Barcelone lorgne vers le nord de l'Europe, tandis que les ports du sud comme Málaga trahissent la force et l'ancienneté des liens avec l'Afrique du Nord. Certains ports servent avant tout de points d'accès vers des sites de l'intérieur, tandis que d'autres sont des destinations à part entière. Les Baléares, où de nombreuses croisières font escale, baignent dans une ambiance qui leur est propre, de Palma de Majorque, presque catalane, à Mahón, la capitale de Minorque, qui garde des traces de sa période britannique. Au sud-est de l'île portugaise de Madère, se trouvent les îles espagnoles de l'Atlantique, les Canaries, proches de la côte marocaine. Plus au nord, entre l'Afrique et l'Europe, le détroit de Gibraltar domine l'entrée de la Méditerranée.

Plaza de la Constitución.

Málaga

Málaga, la principale ville de la Costa del Sol, possède le plus grand aéroport de la région. Port animé et centre commercial prospère, c'est une ville différente des stations touristiques qui l'entourent. La plupart des croisières en Méditerranée occidentale font escale à Málaga et y passent parfois la nuit, ce qui permet d'effectuer plusieurs excursions. Comptez 15 à 20 minutes de marche entre le quai et le centre-ville. Autour de Plaza de la Constitución et de Calle Puerta de Mar, s'aligne une multitude de bars, de boutiques et de grands magasins.

Dominant Málaga du sommet d'une colline, le Gibralfaro est une forteresse en ruine du IXe. Juste en-dessous, l'Alcazaba (XIe siècle) est un autre vestige de l'occupation maure.

Le parc près du port s'avère sale et un peu déprimant. En revanche, les jolis jardins de l'**Alcazaba** renferment le musée archéologique local. Gravissez le sentier pentu du côté est du château (ou prenez un taxi) pour profiter de la vue sur la côte. De retour au centre-ville, aux rues bordées d'élégants édifices de la fin du XIXe siècle, admirez la **cathédrale** du XVIe (Calle Molina de Lários), édifiée sur le site d'une mosquée dans un mélange de styles gothique, baroque et Renaissance. Le **Museo Picasso** (ouvert lun-sam 10h-20h) abrite une superbe collection d'œuvres de l'artiste.

Pour les croisiéristes, Málaga sert de tremplin vers l'Andalousie. Pour parcourir la région par ses propres moyens, il suffit de louer une voiture. Sinon, les paquebots de croisière proposent aussi de nombreuses excursions.

Grenade et l'Alhambra

La magnifique **Alhambra** de Grenade est la sortie la plus prisée au départ de Málaga. Alhambra signifie « la Rouge », en référence à la couleur rouille des briques utilisées par les Maures d'Andalousie pour bâtir ce palais spectaculaire qui s'élève au bord des gorges à pic du Darro.

L'Alhambra compte quatre parties principales : l'Alcazaba (forteresse), la Casa Real Vieja (ancien palais royal), la Casa Real Nueva (nouveau palais royal) et le Generalife (jardins d'été). La Casa Real Vieja s'avère la plus fabuleuse, avec ses cours, patios, fontaines, plans d'eau et ses murs couverts de splendides céramiques. La beauté du palais est rehaussée par le Generalife, dont les jardins en terrasse forment une succession de pièces en plein air, agrémentées de fontaines murmurantes et délimitées par des haies de cyprès soigneusement taillés et des massifs de fleurs luxuriantes.

L'Alhambra, temps fort de toute visite dans le sud de l'Espagne.

Grenade (Granada) est une des villes les plus grandioses d'Espagne. Adossée aux sommets enneigés de la Sierra Nevada, elle fut la capitale de l'Espagne maure de 1232 à 1492, date à laquelle les Rois catholiques achevèrent la Reconquête chrétienne et repoussèrent les Maures en Afrique.

Durant la Guerre civile, les sympathisants nationalistes de Ronda furent jetés du haut des gorges du Tage. L'écrivain Ernest Hemingway a relaté cette pratique dans son roman intitulé *Pour qui sonne le glas ?*.

Ronda

Ronda, Mijas et Marbella se visitent aussi depuis Málaga. **Ronda** est une ville extraordinaire, accrochée à la falaise à 150 m au-dessus des gorges du Tage (Tajo). Le Puente Nueve (Pont neuf) enjambe la gorge et relie le centre-ville moderne à la vieille ville, où se trouve le Palacio de Mondragón des rois maures et des conquérants chrétiens de Ronda. Les arènes (Plaza de Toros) de style néoclassique, berceau de la *corrida*, comptent parmi les plus anciennes d'Espagne.

Mijas et Marbella

Le mot Andalousie évoque encore les *pueblos blancos*, ces villages enchanteurs des collines aux murs épais d'un blanc éclatant, où le mode de vie semble avoir peu changé depuis l'ère maure. **Mijas** en est la parfaite illustration, avec ses rues pavées et ses balcons fleuris. Certains coins de la ville sont touristiques, avec les magasins de souvenirs habituels, tandis que la partie supérieure, plus rustique, est moins fréquentée que le centre-ville. Pour y aller, vous pouvez emprunter le moyen de transport local, le *burro taxi* (« âne taxi ») – les voitures sont interdites dans le centre. Mijas possède les seules arènes carrées d'Espagne. En face, des jardins magnifiquement entretenus descendent jusqu'à un *mirador* (« point de vue ») sur la falaise, qui offre une vue remarquable sur la côte.

De Mijas, la station balnéaire huppée de **Marbella**, renommée pour sa longue plage, est tout près. Le beau Casco Antiguo (vieille ville) a été soigneusement préservé et rendu piétonnier, avec ses minuscules places et ses maisons blanches ornées de bougainvillées de couleurs vives.

Les Cuevas de Nerja

Les **Cuevas de Nerja** (grottes de Nerja) sont le deuxième site le plus visité d'Andalousie après l'Alhambra. Ces grottes situé à l'est de Málaga furent découvertes par hasard en 1959 par deux jeunes garçons des environs. Les archéologues y ont mis au jour des ossements humains de 30 000 ans, ce qui en fait un des plus anciens sites habités d'Europe. Le superbe éclairage crée un univers fantastique de stalactites et stalagmites. La grotte principale, qui mesure 800 m de long, a été surnommée la « cathédrale de la Costa del Sol ». Elle renferme la plus grande stalactite du monde : 32 m de long pour un diamètre de 18 m. Prévoyez une demi-journée.

Cadix

La ville antique de **Cadix** (Cádiz), isolée au bout d'une étroite péninsule parallèle à la côte, fut fondée par les Phéniciens en 1100 av. J.-C. Elle est sans doute la plus ancienne ville d'Espagne. Pourtant, sa longue histoire n'est guère apparente. Seuls les vestiges du théâtre romain trahissent son âge.

Parmi les sites à voir, figure l'excellent **Museo de Cádiz** qui expose des objets phéniciens et romains, ainsi que des tableaux de Francisco Zurbarán et de l'artisanat local. Dominant l'océan, la **cathédrale**, construite entre 1772 et 1838, se distingue par sa coupole, qui scintille comme de l'or sous le soleil. L'**Oratorio de la Santa Cueva** est une église originale, dont les chapelles souterraines datent de 1783. La chapelle supérieure à coupole fut ajoutée en 1796. Son plafond est orné de cinq tableaux spectaculaires, dont trois de Goya.

Jerez de la Frontera

Jerez de la Frontera, la plus grande ville de la province de Cadix, doit sa renommée au xérès et aux chevaux. Plusieurs *bodegas* (« caves ») accueillent les touristes dans leurs locaux sombres où flottent des arômes puissants et proposent des dégustations gratuites.

Côté chevaux, la **Real Escuela Andaluza del Arte Ecuestre** (Ecole royale des Arts équestres d'Andalousie) met en scène ses meilleurs élèves lors d'un splendide spectacle de dressage donné à midi le jeudi en hiver, le mardi de mars à octobre, ainsi que le vendredi en août ; vous pourrez aussi assister aux entraînements en semaine. Le moment fort du calendrier équestre est la fête du Cheval, au mois de mai, pendant laquelle Jerez de la Frontera se remplit de chevaux superbement apprêtés montés par d'élégants cavaliers.

En Andalousie, les xérès les plus clairs et les plus secs (*manzanilla* et *fino*) se boivent très frais, en apéritif ou pour accompagner des *tapas*.

L'**Alcázar** (forteresse) renferme une mosquée du XIe siècle. Tout près de là, l'église de la Colegiata (XVIIIe siècle) abrite une représentation précieuse du Christ de la Vigne.

Séville

A l'arrivée de Jules César en Espagne en 45 av. J.-C., **Séville** (Sevilla) était un village fluvial prospère. Sous les Romains, la ville connut un essor important. Deux empereurs romains, Hadrien et Trajan, naquirent à Itálica, tout près. Par la suite, Séville devint la capitale du royaume wisigoth, puis un *taifa* maure, avant de tomber aux mains de Ferdinand III en 1248. L'âge d'or de la ville fut le fruit de son monopole sur le commerce avec les Amériques. *« Madrid est la capitale de l'Espagne, mais Séville est la capitale du monde, »* disait-on alors. Aujourd'hui, chef-lieu de l'Andalousie et quatrième ville d'Espagne, Séville domine la région. Son nom évoque des images de corrida, de flamenco, de l'opéra *Carmen* et de clichés typiques de l'Espagne dans l'esprit des visiteurs.

Les deux monuments-phares de la ville se trouvent sur Plaza del Triunfo. La **cathédrale** (ouverte lun-sam 9h30-

La cathédrale de Séville fut construite à la place d'une mosquée.

16h30, dim 14h30-19h) est la plus grande église gothique du monde. Seules Saint-Pierre-de-Rome et St Paul's à Londres la surpassent par la taille. Sa construction débuta en 1401, après que la grande mosquée fut rasée, et prit fin un siècle plus tard. Les plans suivirent le modèle de l'ancienne mosquée, ce qui explique sa largeur inhabituelle et sa forme rectangulaire. Imposante et richement décorée à l'intérieur, la cathédrale abrite plus de trente chapelles, dont la **Capilla Mayor** et son retable flamand, et la **Capilla Real**, où repose Ferdinand III, le « roi-saint » qui reprit Séville des mains des infidèles. Le retable doré de l'autel est le plus grand connu (400 m^2). Christophe Colomb (Cristobal Colón) repose près de l'entrée sud dans un sarcophage richement ornementé datant du XIXe siècle. Sa dépouille fut transférée de La Havane à Séville en 1898, lorsque Cuba accéda à l'indépendance.

Sur le côté nord de la cathédrale, le **Patio de los Naranjos** (cour des Orangers) appartenait à l'ancienne mosquée ; les fontaines servaient jadis aux ablutions des fidèles. Le campanile de la cathédrale, la **Giralda**, est l'édifice le plus connu de Séville ; érigé en 1184, il était le minaret de la mosquée d'origine. L'extérieur est finement décoré avec des mo-

Le flamenco

Le flamenco est un art antique qui associe des éléments de musiques wisigothe, maure et gitane. Il y en a deux types : le *cante jondo* (chant profond), un intense épanchement d'émotions ; et le *cante chico* (chant léger), plus animé. Plusieurs pas de danse (tango, fandango, fattuca et zambra) accompagnent le rythme ou le contre-rythme saccadé des castagnettes, des claquements de mains *(palmadas)* ou de doigts *(pitos)*, et des vigoureux coups de talon *(zapateados)*. Il n'est pas nécessaire de parler espagnol pour apprécier le spectacle : laissez-vous porter par la musique.

tifs *sebka* typiques, tandis que l'intérieur arbore une succession de 35 rampes en pente douce, conçues pour que les chevaux puissent les gravir ; c'est ainsi que Ferdinand III chevaucha jusqu'au sommet lors de la reconquête de la ville en 1248. Ces rampes conduisent à une plate-forme d'observation ; située à 70 m de haut, elle offre un panorama extraordinaire sur la ville.

Le **Real Alcázar** (ouvert lun-sam 9h30-20h, 9h30-18h dim avr-sept ; lun-sam 9h30-18h, dim 9h30-14h30 oct-mar) est un monument important de style mudéjar du milieu du XIVe siècle. Il associe des éléments mauresques, gothiques et Renaissance. Construit par des artisans maures sous le règne de Pierre Ier le Cruel, ce palais et ses cours intègrent les fragments d'une forteresse maure et marient des motifs chrétiens et mauresques. Les jardins sont une oasis de tranquillité.

Puerta de León, entrée principale du Real Alcázar.

Tout près, sur l'autre rive du fleuve, la **Torre del Oro** (tour de l'Or) doit son nom aux *azulejos* dorés qui couvraient jadis ses murs. Cette tour du XIIIe est le dernier vestige des fortifications médiévales de Séville.

Parmi les autres sites à voir de la ville, figure le labyrinthe de rues du **Barrio de Santa Cruz**, qui longe l'Alcázar. A la limite de ce quartier, se trouve une merveille d'architecture mudéjare : la **Casa de Pilatos** (XVIe siècle ; ouverte tlj 9h-20h, jusqu'à 18h oct-juin). Les amateurs d'art visiteront sans doute le **Museo de Bellas Artes** (ouvert mar 15h-20h, mer-sam 9h-20h, dim 9h-14h), qui abrite une belle collection d'art.

Barcelone

Barcelone est la capitale de la Catalogne, une région autonome du nord-est de l'Espagne qui possède sa propre langue (le catalan), des traditions et une histoire uniques. Deuxième ville d'Espagne, Barcelone est une élégante métropole côtière de la Costa Brava (« côte sauvage »), ainsi nommée en référence à ses nombreuses criques préservées.

Fleuristes sur la Rambla.

La Rambla

Barcelone ose la différence, non seulement en accueillant des talents aussi excentriques que Picasso, Dalí ou Miró, mais aussi en privilégiant un mode de vie hédoniste et flamboyant, qui s'impose à quiconque flâne le long de la célèbre promenade de la ville, la **Rambla** (souvent appelée Las Ramblas, car elle compte cinq tronçons). Le mot *rambla* vient de l'arabe « rigole », car l'artère suit le cours d'un lit de rivière asséchée. Ce cours planté d'arbres est interdit à la circulation et, long d'1 km, constitue un lieu de promenade idéal.

La Rambla commence près du port, au **Monument a Colóm** (monument à Colomb). La première section, la Rambla de Santa Mónica, accueille un marché artisanal ; la section suivante est fréquentée par des mimes.

Plas de l'Os, avec son sol de mosaïque dessiné par Miró, marque le milieu de la Rambla. Plus haut sur la gauche, en retrait de l'avenue, **La Boquería** (officiel-

Produits frais à la Boquería.

lement Mercat Sant Josep) est un vrai régal pour les sens, avec ses étals de fruits, de légumes, de viandes, de poissons, d'huile d'olive, de vêtements et d'articles en cuir.

La pittoresque Rambla de los Flors attire les bouquinistes et les fleuristes ; cette combinaison n'est pas le fruit du hasard : le 23 avril, pour la Saint-Georges (Sant Jordi), saint patron de la ville, les hommes offrent traditionnellement une rose aux dames, tandis que celles-ci leur achètent un livre. Les marchands installés le long de la Rambla dels Estudis, surnommée la Rambla dels Ocells (Rambla des Oiseaux), vendent toutes sortes d'animaux domestiques, y compris des oiseaux en cage. La dernière section, la Rambla de Canaletes, est le lieu de rassemblement des supporters du club de football FC Barcelone, avant et après les matches. Buvez à la fontaine de Canaletes et vous êtes certain de revenir à Barcelone au moins une fois dans votre vie.

La Rambla se termine à Plaça de Catalunya, le centre symbolique de la ville, car elle fut souvent le cadre d'immenses manifestations en faveur de l'indépendance de la Catalogne dans les années 1970. Maintenant que la région est autonome, les Barcelonais viennent y flâner au milieu des fontaines monumentales, ou y faire des courses au grand magasin le plus connu d'Espagne, El Corte Inglès.

Antoni Gaudí

Barcelone est connue pour les bâtiments de l'architecte Antoni Gaudí, dont les lignes et les motifs naturalistes se rebellent contre les formes rigides. Une grande partie de l'œuvre de Gaudí fut financée par le comte Eusebi Güell, un riche industriel du textile. Le **Palau Güell** (Carrer Nou de la Rambla ; fermé pour rénovation jusqu'en 2007) illustre bien son style. Güell a également donné son nom au **Parc Güell** (ouvert tlj 10h-18h nov-fév, 10h-19h mars et oct, 10h-20h avr et sept, 10h-21h mai-août), caractérisé par ses escaliers sinueux et ses mosaïques colorées.

Une exposition organisée dans le grenier d'un autre immeuble de Gaudí, **La Pedrera** (Passeig de Gràcia ; ouvert tlj 10h-20h), illustre les méthodes de travail de l'architecte et offre une vue fabuleuse sur la ville. Construite entre 1904 et 1906, la **Casa Battló** (Passeig de Gràcia ; lun-sam 9h-14h, dim 9h-20h) se distingue par sa façade sinueuse recouverte de tessons d'assiettes et de carreaux, une technique décorative appelée *trencadis*. Le chef-d'œuvre de Gaudí reste la **Sagrada Família** (ouverte tlj 9h-18h nov-fév, 9h-19h mars et sept-oct, 9h-20h avr-août), une cathédrale inachevée (les travaux doivent se terminer en 2026).

Décédé en 1926 à l'âge de 74 ans, Gaudí repose dans la crypte de la Sagrada Família. Malgré son esprit créatif et novateur, c'était un homme pieux et conservateur, qui vécut les dernières années de sa vie dans une pièce de la cathédrale, obsédé par le projet. Un jour, des passants le découvrirent écrasé par un tramway dans une rue voisine et le conduisirent à l'hôpital. Les médecins, incapables de le reconnaître, pensèrent qu'il s'agissait d'un clochard. Mais son identité fut bientôt établie et la ville entière se rendit à son enterrement.

Les quartiers du centre

Les autres quartiers de Barcelone rayonnent en éventail autour de Plaça de Catalunya. Au nord, l'**Eixample** abrite un des symboles de la ville : l'extraordinaire **Sagrada Família** d'Antoni Gaudí *(voir encadré ci-contre)*. La Casa Batlló et La Pedrera sont également dans ce quartier.

L'extraordinaire Sagrada Família, encore en construction.

Outre la Sagrada Família, Barcelone possède une autre belle cathédrale, dans la partie la plus ancienne de la ville, le **Barri Gótic**, à l'est de la Rambla. Ce quartier aux ruelles piétonnières étroites et paisibles incite à la flânerie.

La cathédrale, la **Seu** (Plaça de la Seu ; ouverte tlj 8h30-13h30 et 16h-19h30) est un chef-d'œuvre de l'art gothique. Son cloître charmant, ombragé de palmiers et baigné du parfum des orangers, est occupé par un groupe d'oies blanches bavardes. Elles commémorent une des saintes patronnes de la ville, une jeune fille du nom d'Eulália qui fut torturée puis mise à mort par les Romains de Barcelone. Les treize oies blanches symbolisent sa pureté et l'âge de sa mort.

Certains éléments gothiques parmi les plus beaux et des vestiges médiévaux parmi les plus fascinants de Barcelone sont situés juste à l'extérieur du Barri Gótic. Dans Carrer de Montcada, se trouve un des principaux musées de la ville, le **Museu Picasso** (ouvert mar-sam 10h-20h, dim 10h-15h). Picasso aimait beaucoup Barcelone, où il avait grandi. Même s'il ne voulait pas que ses œuvres y fussent exposées pendant

Dessiné par Lluís Domènech i Montaner, le Palau de la Música de Barcelone (Sant Francesc de Paula 2) est une illustration parfaite du modernisme. Il est inscrit au Patrimoine mondial de l'Unesco. La salle de concert est un florilège de mosaïques, faïences, vitraux, émaux et sculptures.

la dictature franquiste, il revint sur sa décision vers la fin du régime, faisant don de plus de 2 000 d'entre elles en 1970. Le musée occupe une série de palais médiévaux mitoyens.

Montjuïc

A l'ouest de la ville, la colline de **Montjuïc** accueillit l'Exposition universelle de 1929 et les Jeux olympiques de 1992. Culminant à 210 m et offrant une vue panoramique sur la ville et son port, Montjüic est un endroit très prisé depuis fort longtemps. D'excellents musées et équipements sportifs y ont été construits.

De vastes halls ressemblant à des hangars, siège de la Foire de Barcelone, bordent l'avenue centrale, qui monte jusqu'au grand **Palau Nacional**, le pavillon espagnol de la foire. A droite, le **Pavelló Mies van der Rohe** (ouvert lun-ven 10h-20h, sam-dim 11h-19h) fut construit pour l'Exposition de 1929.

Montjuïc accueille aussi la **Fundació Joan Miró** (ouverte mar-sam 10h-20h, jeu 10h-21h30, dim 10h-14h30 juin-sept ; mar-sam 10h-19h, jeu 10h-21h30, dim 10h-14h30 nov-mai), qui abrite quelque 10 000 œuvres de l'artiste catalan. Le bâtiment a été conçu spécialement par l'architecte Josep Luís Sert, un ami intime de Miró.

Montserrat

Le monastère de **Montserrat** fait partie des excursions possibles au départ de Barcelone. Situé à 40 km au nord-ouest de la ville, il est accessible en voiture de location, en train et en funiculaire. Il occupe une corniche au pied d'une formation rocheuse curieuse, à 1 135 m au-dessus de la vallée du Llobregat. Cœur spirituel de la Catalogne, c'est un lieu de pèlerinage majeur d'Espagne. Sa Vierge noire, la Moreneta, aurait été fabriquée par saint Luc et apportée à Barcelone par saint Pierre. En 1808, les troupes napoléoniennes détruisirent le monastère original du XIIe siècle ; l'édifice actuel date de 1874. Montserrat est un monastère bénédictin en activité. Les visiteurs sont uniquement autorisés dans la basilique, le cloître gothique et le musée. Essayez de faire coïncider votre visite avec un récital du chœur de garçons de l'Escalonia (lun-sam 13h et 18h45 ; dim 12h ; relâche en juillet).

Le monastère de Montserrat, ou « montagne dentelée ».

La cathédrale de Palma domine le port.

LES BALEARES

Les **Baléares**, au large du nord-est de l'Espagne, forment une province autonome. Historiquement rattachées à la Catalogne, elles parlent des variantes du catalan, et les habitants sont fiers de leur identité insulaire. Destination des formules de vacances tout compris, les Baléares sont pourtant des îles magnifiques, avec des endroits paisibles, des villes riches d'histoire et, à Majorque, des paysages escarpés.

Majorque

L'histoire de **Majorque** (Mallorca) remonte à l'âge du Bronze. Pendant mille ans, des visiteurs et envahisseurs successifs ont laissé leurs empreintes sur l'île. Les Phéniciens, les Carthaginois, les Arabes, les Grecs et les Romains laissèrent des vestiges et subirent les assauts des Vandales venus du nord. Au XIIIe siècle, les conquérants catalans contribuèrent à la culture insulaire, suivis par les touristes de l'ère moderne.

Palma

A **Palma**, ville tentaculaire et animée, la plupart des sites intéressants sont concentrés dans un secteur limité à la vieille ville et ses alentours. Les bateaux de croisière font escale à Palma pour une journée, ne repartant parfois qu'à minuit.

Une langue de terre apparaît à l'horizon environ trois heures avant que le bateau n'atteigne Palma. L'île grossit peu à peu et, bientôt, ses falaises grises escarpées plongeant dans la mer et ses plages de sable blond, éclaboussées par des embruns blancs, deviennent visibles.

Comme le bateau ralentit pour entrer dans le port, l'imposant **Castell de Bellver**, qui couronne la colline la plus proche à l'ouest, et les contreforts ouvragés de la cathédrale gothique, à l'est de la ville, dominent la baie de tous côtés.

Au terminal, les passagers débarquent au niveau supérieur. Les cars d'excursion partent du rez-de-chaussée. En 10 minutes à pied, un passage couvert aboutit au terminus des bus, où des taxis attendent. Là, il y a aussi des bateaux à louer.

Porto Pi Centro, un centre commercial aux enseignes familières (Zara, Mango, Disney, etc.), est aisément accessible à pied depuis le terminus des bus. Au centre-ville, **Avinguda Jaume III**, la principale artère commerçante de Palma, est bordée d'élégantes maroquineries, boutiques de mode, et grands

Les Majorquins parlent espagnol (castillan) et *mallorquí*, une variante du catalan qui est la langue officielle. La plupart des panneaux et des noms de rues sont écrits en *mallorquí*, que les insulaires utilisent pour parler entre eux (ainsi qu'à l'école). Mais n'ayez crainte, les Majorquins sont communicatifs et n'hésitent pas à parler en castillan avec les étrangers ; d'ailleurs, le grand nombre de travailleurs saisonniers venant d'Espagne continentale assure la pratique du castillan.

magasins, dont El Corte Inglès. Egalement dans cette rue, visitez la boutique du chausseur **Camper**, basé à Inca dans le centre de l'île, ainsi que **Perlas Majorica**, un fabriquant de perles de culture majorquines.

Le centre-ville est à 10 minutes en taxi. Ceux-ci sont assez chers, mais nombreux. En arrivant sur le quai, vous découvrirez les imposants remparts de la ville, bien conservés et coiffés çà et là par un moulin à vent. La route est jalonnée de bars destinés à attirer les visiteurs et les plaisanciers.

A l'autre extrémité du quai, se dresse la cathédrale, **La Seu** (ouverte lun-ven 10h-17h30, sam 10h-14h30). Commencée en 1230, elle ne fut achevée que quatre siècles plus tard. Elle arbore des contreforts de style gothique catalan et un autel à baldaquin *(balda-chino)* en fer forgé, signé Gaudí. Le joli **Palau de l'Al-mudaina** (ouvert lun-ven 10h-18h30 et sam matin) se trouve à l'ouest de la cathédrale. Au **Parc de la Mar**, en contrebas, la cathédrale se reflète dans un lac, et le S'Hort del Rei, un superbe jardin de style arabe, est agrémenté de fontaines, de bassins, de fleurs, d'arbustes et d'arbres.

La rosace baigne la cathédrale d'une lumière colorée.

De l'arrière de la cathédrale, partent des promenades en calèche tirée par des chevaux à l'allure fatiguée. A l'angle de Carrer

Palau Reial, le beau **Palau March Museu** (ouvert lun-ven 10h-18h nov-mars, 10h-18h30 avr-oct, sam 10h-14h toute l'année) expose des sculptures modernes sur sa terrasse plantée de palmiers, et des tableaux à l'intérieur. L'élégant café sert un café remarquable. Sous les arcades de Carrer Palau Reial, après plusieurs cafés chic, vous atteindrez l'imposant **Ajuntament** (hôtel-de-ville), sur Plaça del Cort, au milieu de laquelle pousse un vieil olivier tortueux. Sur la droite, sur une grande place lumineuse bordée de cafés et de bars, se dresse la superbe **église Santa Eulàlia**, du XIVe siècle. De l'autre côté de Plaça del Cort, des immeubles art nouveau abritent des antiquaires, des boutiques de créateurs et des magasins d'électronique.

La flore de Majorque est aussi variée que ses paysages : champs d'oliviers, amandiers, abricotiers et différents agrumes ; chênes verts et pins dans les régions montagneuses ; romarin, lavande et bruyère, qui teintent les collines de mauve ; palmiers robustes en bord de mer et bougainvillées aux couleurs vives sur les murs des villages.

De l'autre côté de la cathédrale, un dédale de ruelles pavées trop étroites pour les voitures forme le **quartier médiéval**. Evitez-le à l'heure de la sieste, car la chaleur y est étouffante. Au fil de ces rues pittoresques, des portails ouverts incitent à regarder derrière les épais murs ocres, dans des cours ombragées garnies de fougères et de palmiers et dotées d'un escalier de pierre. Des appartements, des galeries d'art et quelques musées ont élu domicile dans ce quartier fascinant. Le **Museu de Mallorca** (Carrer Portella ; ouvert mar-sam 10h-14h et 17h-20h avr-sept, 10h-13h et 16h-18h oct-mar, dim 10h-14h toute l'année) est un excellent musée d'histoire. Quant à la **Casa Museu J. Torrens Lladó** (ouverte mar-ven 10h-18h mi-sept à mi-juin, mar-ven 11h-19h mi-juin à mi-sept ; sam 10h-14h), elle occupe la maison et le studio de ce peintre catalan du XXe siècle.

Les **Banys Arabs** (Bains arabes) du Xe siècle, tout près, possèdent une cour paisible, un puits, des palmiers, des fleurs et des fougères, des tables et chaises et un distributeur de boissons qui en font un lieu de pique-nique idéal. D'un côté de la cour, les bains à proprement parler sont accessibles par une arche arabe en forme de trou de serrure. La coupole en briques alvéolées est soutenue par des colonnes. C'est le seul édifice maure resté intact sur l'île.

Valldemossa

Des excursions au départ de Palma incluent **Valldemossa**, une jolie bourgade nichée dans les collines où vécurent Frédéric Chopin et George Sand, la propriété de Son Marroig (XVIIIe siècle), et la visite des **Coves del Drac** (grottes du Dragon). Chopin et Sand ne furent pas très heureux à Valldemossa : Chopin était malade, le temps était médiocre et les villageois désapprouvaient cette femme excentrique qui portait des pantalons et fumait le cigare.

La sublime Valldemossa.

Cala en Turqueta, une plage typique de Minorque.

Minorque

Minorque (Menorca) ne s'est convertie que tard au tourisme, si bien qu'elle a été épargnée par le bétonnage des années 1960 et 1970. Des règles strictes d'urbanisme et de protection de l'environnement ont permis d'éviter un développement anarchique. Cinq fois plus petite que Majorque, Minorque est dix fois moins peuplée et reçoit environ un huitième des touristes de sa grande sœur. C'est aussi la seule île des Baléares classée réserve de biosphère par l'Unesco, c'est-à-dire un *« lieu important de patrimoine naturel et culturel, où le développement économique est compatible avec la préservation de la nature »* – un titre dont elle est fière.

Mahón (Maó en *menorquí*) est la capitale et première ville de l'île. L'ancienne capitale, Ciutadella, se trouve sur la côte opposée. Le développement immobilier se limite à une poignée de criques et de plages des côtes sud-est et ouest. Une route relie les deux grandes villes, distantes de 44 km.

Sant Francesc d'Assís à Mahón.

Mahón

Mahón (Maó) est un des plus beaux ports de la Méditerranée, ce qui explique pourquoi les Anglais s'en emparèrent lors de la guerre de Succession d'Espagne en 1708. Ils transférèrent la capitale de Ciutadella à Mahón et occupèrent l'île de façon intermittente pendant près d'un siècle. En 1802, Minorque redevint espagnole.

Les bateaux de croisière y font souvent une escale d'une journée. Soyez sur le pont à l'approche de Mahón, car les maisons blanches accrochées à la côte rocailleuse et la vieille ville qui se dresse au-dessus du port offrent une vue saisissante. Un grand escalier et une rue sinueuse, Ses Voltes, montent à la vieille ville, proche du quai.

Mahón se visite facilement à pied en une heure environ. Au sommet de Ses Voltes, sur Plaça d'Espanya, se dresse l'église del Carmen. Un marché alimentaire et de vêtements et souvenirs se tient chaque jour dans le cloître voisin, **Claustre del Carme**, où la terrasse ensoleillée du café offre une jolie vue sur le port. De l'autre côté de Ses Voltes, sur **Plaça de Sa Constitució**, l'**église de Santa Maria**, du XIIIe siècle, fut entièrement reconstruite au XVIIIe. Son intérieur gothique catalan et ses orgues, parmi les plus grandes du monde, valent la visite. Autre édifice imposant, l'**Ajuntament** (hôtel-de-ville) fut construit à l'emplacement d'une forteresse médiévale dont il reste peu de traces.

A quelques rues de là, se dresse une autre église, la **Parròquia de Sant Francesc d'Assís** (ouverte tlj). Achevée en 1792, elle appartenait à un monastère franciscain dont seul le cloître subsiste. Il abrite aujourd'hui les collections du **Museu de Menorca** (ouvert mar-sam 10h-14h et 17h-20h, dim 10h-14h en été) : vestiges de la période talayotique (âge du Bronze aux Baléares), amphores grecques et romaines, faïences islamiques et céramiques espagnoles et britanniques. Tout près, **Port de Sant Roc** (XVe siècle) est la dernière porte de l'enceinte médiévale de la cité.

Prenez le temps de flâner pour admirer les belles maisons géorgiennes, souvenir de la présence britannique. Le port est bordé de restaurants de poisson ; d'autres proposent des plats traditionnels comme les *caracoles con allioli* (escargots à l'aïoli) ou du *lechona* (cochon de lait rôti).

Ruelle typique de Ciutadella, l'ancienne capitale de Minorque.

Binibeca Vell et Ciutadella

Les sorties d'une demi-journée au départ de Mahón passent en général par **Binibeca Vell**, un village pittoresque du sud de l'île créé de toutes pièces par un architecte.

Les excursions à la journée comprennent l'ancienne capitale de l'île, **Ciutadella** ; la Naveta d'es Tudons, le site préhistorique le plus connu de l'île ; le village de pêcheurs de Fornells, au bord d'une baie splendide ; et Monte Toro, sommet de l'île. Par temps clair, Fornells et Majorque sont visibles à l'horizon.

LES CANARIES

Les Romains appelaient cet archipel volcanique « les îles fortunées », en raison de leur climat ensoleillé et tempéré. Il y en a sept : la Grande-Canarie, Fuerteventura, Lanzarote, Tenerife, La Palma, Gomera et El Hierro.

Tâchez de manger à terre durant votre escale, car le poisson, les fruits et les légumes y sont excellents, et les recettes, qui marient les influences espagnoles, africaines et sud-américaines, sont inoubliables. Les délicieuses *papas arrugadas* sont des pommes de terre en robe des champs accompagnées de *mojo rojo*, une sauce à base d'huile, d'ail, de poivrons et de paprika. Le poisson fraîchement pêché dans l'Atlantique, grillé et accompagné de *mojo verde* (une sauce à base de coriandre et de persil), est savoureux, tout comme le *flor de Guía*, un fromage produit à la Grande-Canarie. Pour le dessert, dégustez les bananes de l'île ou des *morcillas dulces*, des pâtisseries aux raisins (frais et secs) et aux amandes. Côté boissons, goûtez au malvoisie de Lanzarote, aux vins rouges d'El Hierro, de La Palma et de Taraconte, à Tenerife.

Un oiseau-de-paradis, la fleur adoptive des Canaries.

Tenerife

La plus grande île des Canaries, **Tenerife**, est aussi un des endroits les plus spectaculaires du monde. Dominée par le pic du Teide, l'île offre une grande variété de paysages, des plages aux pinèdes, en passant par des bananeraies luxuriantes, des vallées verdoyantes et des paysages volcaniques à couper le souffle dans le parc national de las Cañadas del Teide, d'où un téléphérique *(teleférico)* monte jusqu'au bord du cratère.

Santa Cruz

Playa de las Teresitas et Santa Cruz, la capitale de Tenerife.

Santa Cruz de Tenerife est la capitale et le port principal de l'île. Jadis un petit village de pêcheurs, elle est devenue une ville sophistiquée avec des bars et restaurants haut de gamme, de belles boutiques, une architecture élaborée et de bons musées. Pour visiter la ville à pied, vous devrez marcher plus ou moins longtemps en fonction de là où votre bateau est amarré, car le port est en forme de U. Si votre navire est en bas du U, il suffit de franchir les portes du port pour vous retrouver sur le boulevard qui mène au centre-ville, à la station de taxis. Mais en partant d'un des longs quais, il faut compter 15 minutes de marche avant d'atteindre les portes du port (des navettes en bus sont parfois organisées).

Le boulevard du centre-ville est bordé de cafés. Dans deux ou trois rues perpendiculaires, vous trouverez des magasins d'appareils électriques et de CD bon marché – la spécialité de Tenerife. Egalement sur le front de mer, **Plaza de España** est le point de départ idéal pour la découverte de la ville, car la plupart des sites à voir et des boutiques se trouvent dans les rues qui partent de cette place. La broderie et la dentelle sont les deux activités artisanales de l'île. Artenerife, près du port à Puerto de la Cruz, et Artesanía El Sol, à Santa Cruz, sont des boutiques d'artisanat insulaire. Les cigares roulés à la main et confectionnés avec du tabac de l'île, les vins locaux et le miel de Tenerife sont également intéressants.

Face à Plaza de España, vous avez la gare routière sur votre gauche. A droite, le **Museo Municipal de Bellas Artes** (ouvert mar-ven 10h-20h, sam-dim 11h-16h) abrite de sublimes tableaux. En haut de Calle San Francisco, le **Museo Militar** (ouvert mar-dim 10h-14h) expose *El Tigre*, le canon qui arracha le bras de l'amiral Nelson en 1797. Plus au sud, l'**église Nuestra Señora de la Concepción** (XVIᵉ siècle) est le principal monument historique de la ville. A côté, le **Museo de la Naturaleza y el Hombre** (ouvert mar-dim 9h-19h) illustre le mode de vie et les rites mortuaires des premiers habitants de l'île. Le **Mercado de Nuestra Señora de**

Le pic du Teide est le sommet de l'Espagne *(voir p. 60).*

Africa, un marché haut en couleurs débordant de fruits, de fleurs et de légumes, vaut aussi le détour.

Sur la route principale, près du port, l'élégant **Auditorio** est le siège de l'orchestre symphonique de Tenerife. A l'arrière, une fois passé le **Castillo San Juan**, s'ouvre le **parc maritime César Manrique** (ouvert tlj), véritable havre de fraîcheur avec ses bassins d'eau de mer, ses arbres, ses fleurs et ses cascades. Au

Un toucan à Loro Parque.

nord-ouest de la ville, s'étire la longue plage municipale de sable blond, **Playa de las Teresitas**.

Autres attractions

Des cars partent de la gare routière de Santa Cruz (vérifiez les horaires de retour) à destination de l'adorable station balnéaire de **Puerto de la Cruz**, à 45 minutes de route. La place principale, **Plaza del Charco de los Camarones**, au cœur du quartier historique, est entourée de beaux édifices. A l'est, **Lago Martiánez** (ouvert tlj 9h-17h) est un complexe balnéaire agréable agrémenté de fontaines, de sable blond et de palmiers, à l'inverse des plages de sable noir de la région.

A 5 minutes en taxi vers l'ouest de la ville, **Loro Parque** (ouvert tlj 9h-18h) est un vaste parc à thème équipé d'aquariums, d'un delphinarium, d'otaries, d'un tunnel sous-marin et d'une grotte aux chauves-souris. Prenez un train touristique jaune gratuit partant d'Avenida de Venezuela (à l'est de Plaza del Charco ; départ toutes les 20 minutes).

> Le parc national qui entoure le Teide déroule à l'infini des paysages lunaires de coulées de lave solidifiée et de rochers pleins d'anfractuosités, dont les plus impressionnants sont les Roques de García.

Lors d'une première visite à Tenerife, le **parc national de las Cañadas del Teide** est incontournable. Ses limites encerclent le volcan du Teide, sommet de l'Espagne avec 3 718 m. Il y a un téléphérique, à 8 km au sud de l'entrée du parc et du bureau d'accueil. Mieux vaut visiter le parc en excursion organisée par le bateau, car il est difficile d'accès en bus et le trajet en taxi coûte cher.

La forêt d'Esperanza, la pyramide de Guimar et le jardin aquatique de Risco Bello sont d'autres sorties possibles.

La Grande-Canarie

La **Grande-Canarie** est la troisième île de l'archipel par la taille, mais sa capitale, Las Palmas, est la plus grande ville des Canaries et un port majeur. C'est au sud de l'île que se trouvent la station balnéaire de Playa del Inglés, avec ses plages éblouissantes, et les dunes de Maspalomas. L'intérieur de l'île recèle des paysages volcaniques alternant montagnes et gorges, et d'élégantes villes anciennes, comme la capitale de la banane, Arucas, ou la ville historique de Teror.

Las Palmas

 Le terminal de Santa Catalina à **Las Palmas** est une plaque tournante des liaisons interîles et des paquebots de croisière. Les bus et les cars de ligne partent de la gare routière située devant le terminal, où s'alignent aussi de nombreux taxis.

A côté du port, **El Muelle** est un centre commercial rutilant qui abrite grands magasins et petites boutiques. Les commerces ne manquent pas dans les rues étroites situées de l'autre côté de **Parque Santa Catalina**, une place ponctuée de terrasses de cafés à l'ombre des palmiers. A Las Palmas, les montres, bijoux et appareils électriques ne sont soumis à aucune taxe. Prenez cependant le temps de comparer, car certains articles sont au même prix qu'ailleurs. Pour acheter de l'artisanat local de qualité, rendez-vous à la **Federación para el Desarrollo de la Artesanía Canaria** (FEDAC), dans Calle Domingo J. Navarro, à Triana. Dans ce quartier, Calle Mayor de Triana, piétonnière, est bordée de boutiques.

Pour manger, dirigez-vous plutôt vers Playa de las Canteras et Vegueta. La première se spécialise dans le poisson et les fruits de mer, et le second dans les plats du terroir. Le quartier de Triana possède lui aussi d'excellents restaurants.

Pour se rendre à **Triana**, il faut prendre le bus à Plaza de Santa Catalina jusqu'à **Parque San Telmo**, et continuer vers le sud sur Calle Mayor de Triana. Traversez une grande artère et vous atteindrez **Vegueta**, la partie la plus ancienne de la

Sur les sublimes dunes de sable de Maspalomas *(voir p. 63)*.

ville, où les Espagnols établirent leur premier camp en 1478. Ce quartier aux jolies ruelles étroites s'articule autour de **Plaza de Santa Ana**, où se dressent la **cathédrale Santa Ana** (ouverte lun-ven et sam matin) et le **Museo Diocesano de Arte Sacro** adjacent. A proximité, la superbe **Casa de Colón** (XVe siècle ; ouverte lun-ven, sam-dim matin) aurait accueilli Christophe Colomb avant son voyage de 1492 vers les Amériques. Ce musée évocateur et sa cour agréable retracent l'ère des grandes découvertes avec des instruments de navigation, des cartes et des armes d'époque. Tout près, le **Museo Canario** (ouvert lun-ven, sam-dim matin) abrite la collection d'objets préhispaniques la plus importante des Canaries, dont une salle entière de crânes d'hommes de Cro-magnon et de momies.

Au nord de la ville, la belle **Playa de las Canteras** est une plage de 3 km aux eaux peu profondes. Les restaurants y

La Casa de Colón, une des plus belles maisons de Las Palmas.

sont nombreux et l'ambiance agréable et authentique, car elle est fréquentée à la fois par les habitants de Las Palmas et par les touristes venus d'Espagne. Prenez un bus ou un taxi de Parque Santa Catalina.

Excursions de Las Palmas

Pour parcourir la Grande-Canarie par vos propres moyens, des cars de ligne desservent toute l'île au dé-

Plaza Teresa de Bolívar, à Teror, est particulièrement paisible.

part de la gare routière du port (ou de celle de Parque San Telmo). Prévoyez assez de temps pour le trajet de retour. Ou formez un groupe de quatre personnes (ou plus) et négociez une visite guidée en taxi. Si vous êtes assez nombreux, cette solution s'avère nettement moins chère qu'une excursion organisée par le bateau. Vérifiez soigneusement les horaires et entendez-vous sur le tarif avant le départ.

Playa del Inglés, à 50 minutes de route dans le sud, est hérissée de complexes hôteliers, de fast-food et de divertissements variés. Ce n'est pas du goût de tout le monde, mais les plages sont splendides. La station jouxte les dunes de sable de **Maspalomas**, classées réserve naturelle. La station suivante, **Puerto Rico**, plus à l'ouest, accueille une clientèle familiale et propose les meilleures activités nautiques de l'île. Un peu plus loin, dans le joli port de **Puerto de Mogán**, les rues ont été tracées sur un réseau de petits canaux.

Teror, à 22 km à l'intérieur de l'île depuis Las Palmas, est fréquemment desservie par les cars. Cette ville de campagne est célèbre pour les balcons en bois ouvragés de ses superbes maisons (l'une d'elles se visite). La **basilique Nuestra**

Le Barranco de Guayadeque.

Señora del Pino commémore l'apparition de la Vierge dans les branches d'un pin, dont plusieurs bergers furent témoins en 1481. Le trajet est magnifique.

La route, en car ou en taxi, jusqu'à **Arucas**, la capitale de la banane, à l'ouest de Las Palmas, s'élève dans les montagnes. La vieille ville a conservé ses rues pavées sinueuses. Elle est dominée par l'immense **église San Juan Bautista** de style néogothique, en pierre de lave. Teror et Arucas peuvent se visiter lors d'une excursion, de même que les gorges luxuriantes du **Barranco de Guayadeque**, ponctué d'habitations troglodytiques.

Lanzarote

Baignée d'un climat des plus agréables, **Lanzarote** se distingue par son relief volcanique lunaire. Des éruptions dans les années 1730 et 1820 recouvrirent l'île de lave, donnant naissance à ces paysages étranges venus d'ailleurs. L'île, qui compte 300 volcans, est une réserve de biosphère de l'Unesco. Les amateurs de soleil profiteront des plages de sable volcanique (rouge, blanc ou noir). Vous pourrez également visiter les édifices et monuments créés par l'artiste et architecte canarien le plus célèbre, César Manrique.

 Arrecife est le port principal de Lanzarote. Les paquebots de croisière viennent s'amarrer à Muelle de los Marmoles, avec les cargos. Le petit terminal, équipé de toilettes, téléphones et taxis, accueille les passagers de croisière et des ferries. Des bus font la navette jusqu'au centre-ville, situé à 30 minutes à pied. Un projet de réaménagement de Muelle de los Marmoles prévoit de réserver le terminal aux bateaux de croisière ; le fret serait orienté vers d'autres docks.

Le centre-ville d'Arrecife, compact, se concentre le long des avenues Generalísimo Franco et León y Castillo, sur le front de mer. Aussi agréable soit-elle et malgré sa plage, la ville ne justifie pas un séjour prolongé, bien que, à quelques kilomètres au nord, le **Castillo de San José**, une forteresse bien conservée qui abrite le petit **Museo de Arte Contemporáneo**, s'avère captivant. Si vous voulez découvrir l'île par vos propres moyens, rejoignez la gare routière de Via Medular, ou prenez un taxi à la station près du port.

Un moulin à vent et des cactus, typiques de Lanzarote.

A **Tahiche**, à 12 km d'Arrecife, la **Fundación César Manrique** (ouverte lun-sam) occupe la maison de l'artiste, construite sur un champ de lave ; ses salles souterraines furent créées par des bulles d'air dans la coulée de lave. L'influence de Manrique s'exerce aussi au **Jardín de Cactus** (ouvert tlj) de **Guatiza**, à 9 km environ au nord de Tahiche ; il y pousse plus de 1 500 variétés de cactées. A 10 km de là, vous arriverez aux grottes volcaniques de **Jameos del Agua** (ouvertes tlj), dessinées par Manrique.

La lagune d'eau de mer est peuplée de minuscules crabes aveugles et albinos uniques à Lanzarote. Une musique cristalline accompagne la descente dans la grotte. Il faut toutefois être en bonne condition physique, car l'approche comprend 150 marches à grimper. La spectaculaire **Cueva de los Verdes** fait partie du complexe.

Essayez également de visiter le **parc national de Timanfaya** (ouvert tlj), qui englobe la région des Montañas de Fuego (Montagnes de feu), dont les formes fantastiques ont été créées par de la lave solidifiée. C'est une région volcanique active. Le guide en fait la démonstration en versant de l'eau dans un tube planté dans le sol ; un geyser d'eau brûlante jaillit bientôt. Le restaurant tout proche fait également griller ses viandes grâce à l'énergie géothermique. A l'extérieur du parc, à **Echadero de los Camellos**, vous pourrez gravir les pentes volcaniques à dos de chameau.

La Palma

La Palma a deux surnoms aussi seyants l'un que l'autre : la Isla Bonita (Belle-Ile) et la Isla Verde (Ile verte). Les chiffres sont éloquents. Le sommet de l'île, le Roque de los Muchados, s'élève à 2 423 m d'altitude, ce qui en fait l'île la plus escarpée du monde pour sa superficie. C'est également la seule des Canaries à avoir des petits cours d'eau – les autres îles sont dépourvues de ruisseaux ou rivières.

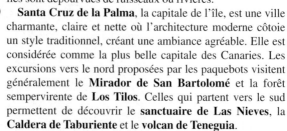

Santa Cruz de la Palma, la capitale de l'île, est une ville charmante, claire et nette où l'architecture moderne côtoie un style traditionnel, créant une ambiance agréable. Elle est considérée comme la plus belle capitale des Canaries. Les excursions vers le nord proposées par les paquebots visitent généralement le **Mirador de San Bartolomé** et la forêt sempervirente de **Los Tilos**. Celles qui partent vers le sud permettent de découvrir le **sanctuaire de Las Nieves**, la **Caldera de Taburiente** et le **volcan de Teneguia**.

Le fameux Rocher de Gibraltar.

GIBRALTAR

Les Anglais prirent **Gibraltar** à l'Espagne en 1704 et, mal-gré la tentative de reconquête espagnole lors du siège de 1779-83, le territoire reste aujourd'hui britannique. Ce port d'escale apprécié des passagers de croisière dispose de bou-tiques détaxées et de nombreux sites qui se visitent rapide-ment. Sa superficie réduite permet aux bateaux de n'y faire escale que quelques heures. Attention, les règlements doua-niers interdisent aux passagers qui débarquent à Gibraltar de passer la frontière avec l'Espagne.

Le centre de Gibraltar est à 2 km du port, au bout d'une route toute droite. Vous pouvez y aller à pied, en navette ou en taxi. Main Street (l'artère principale) et les rues adja-centes sont jalonnées de magasins, pubs et cafés.

Parmi les sites intéressants, **St Michael's Cave** (ouverte tlj 9h30-19h) est une impressionnante grotte naturelle ; la salle supérieure est reliée par des passages souterrains à une

Un singe magot curieux.

grotte inférieure et à d'autres chambres, le tout à 82 m de fond. Il y a également un lac souterrain. La salle supérieure accueille souvent des concerts, tandis que les stalagmites et stalactites créent une impressionnante toile de fond pour les spectacles son et lumière.

Avec ses murailles et son donjon qui a résisté à 14 sièges, le château mauresque est un des hauts lieux du Rocher ; il daterait du VIIIe siècle. Les **Upper Galleries** (tour et galeries ouvertes tlj 9h30-19h) sont un réseau de 48 km de tunnels creusés par les Britanniques alors que Gibraltar était encerclé par les forces françaises et espagnoles en 1779. A l'intérieur des murs fortifiés du château, la relève de la garde a lieu chaque jour. Ce site est également apprécié pour ses nombreux pubs anglais.

Le **Gibraltar Museum** (ouvert lun-ven 10h-18h, sam 10h-14h), dans un bâtiment construit sur des bains maures du XIVe siècle, relate l'histoire des lieux depuis la préhistoire, en couvrant en détail la bataille de Trafalgar (1805). De nombreuses victimes furent enterrées au Trafalgar Cemetery, qui servit de lieu de sépulture de 1708 à 1835 ; les marins britanniques tués au cours de trois autres batailles navales y sont également inhumés.

Gibraltar est aussi connu pour ses magots, les seuls singes sauvages d'Europe. Environ 160 spécimens vivent sur le Rocher, dont certains dans l'**Ape's Den** (ouvert tlj 9h30-19h). Selon la légende, le Royaume-Uni restera maître de Gibraltar tant que les singes y vivront. Pendant la Seconde Guerre mondiale, alors que leur nombre diminuait, l'armée construisit ce refuge pour encourager les animaux à se reproduire et ainsi remonter le moral des habitants. D'autres singes vivent près des tunnels creusés lors du Grand Siège. Observez les petits, avec leur fourrure noire, mais ne les approchez pas. Attention : si un singe fait la moue, il s'agit d'un avertissement pour que vous gardiez vos distances.

Un téléphérique relie Grand Parade au Rock Restaurant, d'où la vue est magnifique sur la baie d'Algésiras, le détroit et l'Atlas marocain. A mi-chemin, les visiteurs peuvent descendre voir les singes. Au sommet, des audioguides en plusieurs langues donnent un aperçu de l'histoire de Gibraltar.

Les plages permettent de profiter pleinement des 300 jours de soleil par an. **Eastern Beach** est la plus grande, mais la plus belle est **Catalan Bay**, avec ses bateaux de pêche et ses restaurants de poisson.

Croiser dans le détroit de Gibraltar

Pour entrer en Méditerranée, les bateaux venant de l'Atlantique passent obligatoirement le détroit de Gibraltar, un chenal de 13 km de large qui sépare l'Europe de l'Afrique. Tâchez de monter sur le pont lorsque le bateau entre dans le détroit, car ses eaux sont appréciées des dauphins et des cachalots. Les falaises calcaires du Rocher de Gibraltar se dressent à bâbord (sur votre gauche). Les Romains considéraient ce rocher comme une des deux colonnes d'Hercule – la deuxième, le Djebel Musa, se dresse à tribord, au Maroc. Le détroit est le seul endroit où les eaux de l'Atlantique pénètrent dans le bassin méditerranéen. En raison de sa profondeur, de son étroitesse et des courants rapides, des vents violents s'y lèvent souvent de façon inattendue.

De mars à mai et d'août à octobre, des oiseaux migrateurs (bondrées apivores, milans noirs, cigognes, vautours fauves, circaètes Jean-le-Blanc, balbuzards pêcheurs, buses variables et éperviers d'Europe) passent au-dessus du détroit.

La France

Climat : en été, les températures peuvent atteindre 40° C et les fortes chaleurs sont souvent suivies d'orages violents. Novembre est le mois le moins ensoleillé, mais à partir de décembre, la Méditerranée bénéficie souvent de longues périodes de ciel bleu.

Décalage horaire : GMT+1 (heure d'hiver) et GMT+2 (heure d'été).

Horaires : en général, les banques sont ouvertes de 9h à 12h et de 14h à 17h du lundi au vendredi. La plupart des commerces ouvrent entre 9h et 10h et presque tous les magasins ferment pour la pause déjeuner (12h-14h/15h). Les commerces ferment à 19h.

Shopping : la gastronomie est un des fleurons de la France, et les marchés sont des lieux privilégiés pour apprécier la qualité des ingrédients et acheter des produits transportables. Outre les marchés alimentaires, les grandes villes ont généralement un marché aux puces. Le dynamisme et l'attrait des centres-villes ont été soigneusement préservés en maintenant les petits commerces indépendants. L'artisanat est également de qualité.

Argent : l'unité monétaire est l'euro (€).

Jours fériés : 1er janvier ; lundi de Pâques ; 1er mai ; Ascension ; 8 mai ; 14 juillet ; 15 août ; 1er et 11 novembre ; 25 décembre.

Pourboires : le service est généralement compris dans l'addition ; les chauffeurs de taxi reçoivent en général un pourboire de 10%.

Sécurité : prenez les précautions habituelles, en particulier de nuit dans les zones portuaires mal éclairées.

Santé et soins médicaux : pour les petits problèmes de santé, allez à la pharmacie avant de consulter un médecin. La qualité des soins médicaux en France est excellente. Les ressortissants de l'Union européenne devront obtenir une feuille de soin pour être remboursés à leur retour chez eux. Les soins sont gratuits sur présentation d'une carte européenne d'assurance maladie.

Numéros d'urgences : 112 (numéro européen) pour toutes les urgences ou police 17 ; SAMU 15 ; pompiers 18.

La boulangerie, incontournable dans les villages de France.

LA FRANCE

Une croisière qui passe par les ports du sud de la France et de Corse vous plongera dans l'ambiance tumultueuse et excitante de Marseille, la sophistication et les senteurs méditerranéennes entêtantes de Cannes et de Nice, le glamour de Saint-Tropez et le luxe de Monaco. Il existe aussi des lieux plus paisibles, notamment la jolie Villefranche-sur-Mer, qui inspira Jean Cocteau. En Corse, plusieurs ports d'escale permettent d'apprécier le contraste entre les paysages sauvages de l'île de Beauté et les ports de la côte d'Azur.

Marseille

Fondée au VIe siècle av. J.-C. par des Grecs de Phocée (d'où son appellation de « cité phocéenne ») sous le nom de Massalia, **Marseille** a toujours été un port important de la Méditerranée, au carrefour de l'Europe méridionale et de l'Afrique. Plus tard, Louis XIV y fit amarrer son immense flotte. Et, à la Révolution, Marseille donna à la France le titre de son hymne national, *La Marseillaise*.

À l'instar de nombreux ports de commerce, Marseille a mauvaise réputation. Elle est souvent surnommée la « capitale méditarranéenne du crime ». Des investissements substantiels, une politique volontariste et la rénovation des bâtiments ont contribué à améliorer l'image de la ville.

Le premier coup d'œil suffit à donner un avant-goût de son charme brut, avec des tours modernes dominées par des collines brunes et blanches, et un enchevêtrement de grues sur les quais du port. Généralement, les paquebots de croisière y restent amarrés une journée. Le terminal, à 15-20 minutes en voiture du port, abrite un bar et des magasins. Des navettes (et des taxis) relient les quais au **Vieux-Port**. Un petit train blanc et bleu part toutes les 20 minutes du quai, près de l'endroit où les bus déposent leurs passagers. Il effectue deux circuits : la cathédrale, en une heure, et la vieille ville, ou quartier du Panier, en 40 minutes.

Dominant le port de ses balcons en fer forgé et de ses immenses fenêtres, le bel **Hôtel-de-ville** date de 1653.

La Canebière désigne le grand boulevard qui part du vieux port, et la principale artère de Marseille. Un charmant carrousel Belle-Epoque apporte une touche désuète. Sur la droite, se trouve l'**Office de tourisme**, clair et moderne, où la carte Privilège, qui donne accès à de nombreux musées, est en vente. Au milieu des cafés et des parfumeries de la Canebière, se dressent le **Musée maritime** (ouvert mer-lun 10h-12h et 14h-18h) et le **musée de la Mode** (ouvert mar-dim 12h-19h). Des palmiers nains poussent entre les lampadaires. Sur la

Du port de Marseille, un ferry dessert le château d'If, cadre du roman *Le Comte de Monte-Cristo*, et les îles du Frioul, dont les lagunes aux eaux cristallines sont parfaites pour la baignade.

Un ferry dans le vieux port de la cité phocéenne.

droite de la Canebière, dans la rue Longue-des-Capucins, un marché nord-africain vend des aliments épicés et des babioles.

Accessible en taxi ou en métro (métro Cinq-Avenues), le **palais Longchamp**, sur la place Bernex, arbore une colonnade semi-circulaire s'ouvrant sur des fontaines et des jardins à la française. Construit en 1838 pour servir de château d'eau à la ville, il abrite également le **musée des Beaux-Arts** et le **musée d'Histoire naturelle** (ouverts mar-dim 11h-18h en été, 10h-17h en hiver).

Le Panier fait penser à un ancien village délabré, évoquant le Marseille d'autrefois. Ce quartier à flanc de colline, avec ses rues pentues et ses escaliers, s'élève derrière l'Hôtel-de-ville. Des restaurants ombragés y côtoient des fontaines modernes et des immeubles de trois à cinq étages à balcons arborant de beaux volets.

La **cathédrale de la Major** se dresse sur la place du même nom. Au sommet de la colline, dominant la baie, la basilique **Notre-Dame-de-la-Garde** vaut le détour, ne serait-ce que pour la vue depuis son clocher singulier, un monument familier du paysage marseillais. Le bus n°60 s'y rend depuis le cours Ballard, ainsi que le métro ; descendez à la station Joliette.

Outre les visites shopping et « panoramiques » de Marseille, votre navire proposera peut-être une journée en Avignon, Aix-en-Provence ou aux Baux-de-Provence.

Avignon

Les puissants remparts d'**Avignon** affichent une belle couleur miel rosé. Construits au XIVe siècle sur ordre papal, ils ceignent la vieille ville sur 4 km. Avec autant de sites à visiter dans cette ville au riche passé historique, choisissez d'aller simplement flâner sur les remparts au bord du Rhône. Là, laissez-vous séduire par le célèbre pont d'Avignon, le **pont**

Spectacle de rue devant le palais des Papes, en Avignon.

Saint-Bénezet. Ses 22 arches enjambaient jadis le fleuve, mais elles furent presque toutes emportées par les inondations de 1668 ; fort heureusement, la charmante chapelle gothique, sur le pont pavé, fut épargnée. Un peu plus loin le long des remparts, les jardins du **rocher des Doms** offre une vue d'ensemble sur les palais et églises de la cité des Papes.

Si vous préférez visiter un monument, dirigez-vous vers le **palais des Papes**. Cette forteresse imposante fut construite au XIVe siècle, à l'époque où la papauté dut quitter Rome et vint s'installer en ville. Des visites guidées font le tour des magnifiques appartements et salles, décorés de fresques et de tapisseries, où les papes dormaient, accordaient des audiences et donnaient des banquets grandioses.

Aix-en-Provence

Capitale de la Provence, **Aix-en-Provence** est une ville Renaissance somptueuse, renommée pour son immense marché qui envahit les rues le mardi, le jeudi et le samedi. La vieille ville, très compacte, se concentre autour du **cours Mirabeau** et de ses cafés, centre névralgique de la vie locale. Les platanes qui jalonnent l'avenue forment une canopée de verdure, à l'ombre de laquelle les passants cherchent leur bonheur chez les libraires ou admirent les façades élégantes des demeures à balcons du XVIIe siècle. Quatre fontaines complètent ce tableau. La fontaine d'eau chaude est alimentée par la source des Bagniers, qui rendit Aix célèbre pour ses thermes romains. A quelques minutes à pied au nord du cours Mirabeau, dans un dédale de ruelles étroites, le **musée du Vieil-Aix** (ouvert mar-dim 10h-12h et 14h-17h nov-mars, 10h-12h et 14h30-18h avr-oct) se consacre à l'histoire et aux traditions locales. Tout près, la **cathédrale Saint-Sauveur**, bâtie à l'emplacement d'un forum romain, abrite un baptistère du Ve.

Au sud du cours Mirabeau, le **quartier Mazarin**, planté de demeures aristocratiques, renferme le **musée Granet**

Cette région de Provence est connue pour ses produits à la lavande (savons, coussins parfumés et eaux de toilette).

(fermé pour rénovation jusqu'en juin 2006), qui expose des vestiges archéologiques et des tableaux de Cézanne. Ce dernier, né à Aix en 1839, y développa son style si particulier en peignant les hauts lieux de la ville, notamment la montagne Sainte-Victoire et les paysages des alentours d'Aix.

Les Baux-de-Provence

Au sud d'Avignon, le village des **Baux-de-Provence** est perché sur les hauteurs rocailleuses des Alpilles, le dernier massif montagneux de Provence avant les marais de Camargue et la mer. Les routes qui y montent traversent une végétation sauvage de garrigue odorante, typique de ce paysage aride et rocailleux. En contrebas, l'hôpital Saint-Paul-de-Mausole, à **Saint-Rémy-de-Provence**, accueillit Van Gogh en 1889, après qu'il se fut tranché l'oreille.

Plus haut, le village « moderne » des Baux compte de nombreuses boutiques d'artisanat local et de céramiques provençales. Plus haut encore, la **Ville Morte** est un lieu envoûtant de maisons en ruines taillées dans le rocher et de vues splendides sur les sommets voisins. De retour au bas du village, l'ancienne carrière de bauxite (ce minerai tient son nom des Baux) a été rebaptisée, un rien pompeusement, Cathédrale des images. Le **val d'Enfer**, une gorge cahoteuse jonchée de rochers, s'avère tout aussi évocateur.

Saint-Tropez

Il est difficile de croire que **Saint-Tropez** était un lieu de pèlerinage chrétien au temps des Romains. Beaucoup plus tard, l'arrivée d'écrivains et d'artistes comme Maupassant, Signac ou Matisse fit de ce village de pêcheurs un lieu à la mode. Vint ensuite le septième art. En 1956, Roger Vadim y tourna *Et Dieu créa la femme*, faisant de Brigitte Bardot et de Saint-Tropez des vedettes de cinéma. Aujourd'hui encore, la ville attire la jet-set internationale. Brigitte Bardot, Elton John ou encore Mick Jagger y possèdent des villas.

Comme Cannes, Saint-Tropez est plutôt fréquentée par les petits bateaux de luxe, qui s'attardent jusque tard dans la nuit pour laisser leurs passagers profiter de la vie nocturne.

Dîner en terrasse à Saint-Tropez.

Le petit port étant prévu pour les yachts privés, les passagers de croisière sont généralement transférés jusqu'au Vieux Port ou au Nouveau Port, à 150 m l'un de l'autre. Depuis ce dernier, passez devant le Vieux Port pour aller en centre-ville. Il n'y a pas de terminal mais un office de tourisme se tient près de chaque débarcadère (le principal se trouve sur le quai Jean-Jaurès, près du Vieux Port).

Autour du port, les cafés, restaurants et boutiques sont légion ; ces dernières vendent surtout des articles nautiques pour les propriétaires de yacht qui descendent directement de leurs palaces flottants. Des taxis attendent le long du quai Jean-Jaurès, mais à moins de vouloir sortir de la ville, il est plus simple et plus rapide de marcher. La rue François-Sibilli, principale artère commerçante, relie le Vieux Port aux places principales.

Un des sites les plus populaires, le **musée de l'Annonciade** (ouvert mer-lun 10h-12h et 15h-19h juin-sept, 10h-12h et 14h-18h oct-mai) occupe une chapelle du XVIe siècle. Situé entre les deux ports sur la place Grammont, quai Gabriel-Peri, il abrite des œuvres de Signac, Bonnard, Dufy et de leurs contemporains. Depuis le quai Jean-Jaurès, près du Vieux Port, prenez à gauche ; là, un long promontoire bordé de cafés et de restaurants offre une vue magnifique sur la baie de Saint-Tropez. Vous pouvez aussi vous éloigner de la mer pour découvrir la vieille ville, dont chaque rue et ruelle regorge de boutiques de mode, de cafés et de restaurants.

En juillet et en août, l'office de tourisme organise des visites guidées à pied. L'église de Saint-Tropez se trouve au cœur de la ville, mais la **Citadelle** (XVIe siècle) reste l'édifice emblématique ; ce fort édifié sur une colline surplombe la vieille ville. Elle est accessible à pied depuis le débarcadère. Vos efforts lors de l'ascension seront récompensés par une vue spectaculaire sur Saint-Tropez et sa baie. Le donjon abrite le **Musée naval** (ouvert mer-dim 10h-12h et 14h-19h juin-sept, 10h-12h et 14h-17h oct-mai).

Il y a des plages publiques aux Graniers, sous la Citadelle, et près du port des Pêcheurs, mais les meilleures, privées, se trouvent au-delà du promontoire, à 3 km de là, sur une étendue de sable de 8 km de long baptisée Pampelonne. Pour vous y rendre, prenez un taxi (cher) ou un des minibus qui assure une navette fréquente depuis la place des Lices sur le boulevard Vasserpt, à 10 ou 15 minutes à pied à droite du Vieux Port. En été, attendez-vous à un trajet frustrant, au milieu d'embouteillages inextricables. L'accès à ces plages est payant ; le bronzage en monokini est de rigueur et deux de ces plages accueillent aussi les nudistes.

Les compagnies maritimes proposent des excursions à **Ramatuelle** et **Gassin**, deux jolis villages des collines entourés de vignobles et de moulins à vent. **Port Grimaud**, à 10 km, est une ville pittoresque construite dans les années 1960 sur un réseau de canaux ; quant à la ville de Grimaud, c'est une cité médiévale avec un château en ruines.

Cannes

Cannes ne ressemble plus au petit village de pêcheurs qu'elle était encore vers 1830. Plus chic que Nice et plus glamour que Villefanche-sur-Mer, elle est aussi, grâce au cirque médiatique entourant le festival annuel de cinéma, plus célèbre que Saint-Tropez. La baie de Cannes constitue un excellent point d'entrée pour la côte d'Azur, avec un bon réseau de transport desservant les autres stations touristiques de la région.

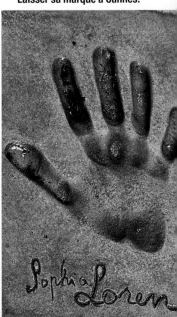

Laisser sa marque à Cannes.

Cannes sert de port d'attache aux petits bateaux (navires ou voiliers de grand luxe) de certains armateurs. Ceux-ci appareillent souvent en début de soirée. Les paquebots de passage jettent l'ancre au large et transbordent leurs passagers jusqu'à un petit quai qui accueille aussi les ferries locaux. Ils

> En faisant du shopping à Cannes, achetez les flacons en verre uniques façonnés par la verrerie de Biot, un village à 12 km de là, ainsi que du parfum produit dans les environs, à Grasse.

ne repartent que tard le soir pour permettre aux passagers de profiter de la vie nocturne. (Le quai est au bout d'une place animée, où un marché coloré se déroule devant des terrasses de cafés et de restaurants – un endroit très agréable où dîner.)

Prenez à gauche en sortant du terminal, puis à gauche à nouveau pour atteindre la place du marché, à l'extrémité de laquelle se trouve une gare routière. La gare SNCF est à 5 minutes à pied dans la direction inverse (derrière le palais des Festivals et la Croisette, le boulevard le plus fréquenté).

Cannes se visite facilement à pied. A l'ouest du Vieux Port, s'étend la partie la plus ancienne de la ville, le **Suquet**, aux rues bordées de cafés et de boutiques attrayantes, d'une église médiévale, Notre-Dame-de-l'Espérance, et d'un château du XIIe qui abrite le **musée de la Castre** (ouvert toute l'année, horaires variables) et ses collections ethnographiques et archéologiques. Mais le lieu le plus fréquenté se trouve de l'autre côté : il s'agit du **boulevard de la Croisette**, jalonné de palmiers, qui s'étire à l'est du palais des Festivals (qui accueille le festival en mai) en face du terminal, jusqu'à l'autre bout de la baie le long du front de mer. C'est le cœur de la ville : de grands hôtels y côtoient d'élégants casinos, des boutiques de haute couture, des galeries d'art discrètes et des ports de plaisance bondés de yachts de luxe. Déjeuner dans un des cafés ou restaurants de la Croisette coûte cher, mais vous pouvez vous contenter d'un verre en regardant passer les élégants que Cannes ne cesse d'attirer.

Pour voir Cannes sous un autre angle, allez à l'**Observatoire** de Super-Cannes, un quartier au nord de la gare. Un ascenseur monte aux plates-formes qui donnent sur la baie.

Nice et Villefranche-sur-Mer

Nice et Villefranche-sur-Mer sont distantes d'à peine 5 km. Alors que Nice est une station importante dotée d'hôtels prestigieux, de larges avenues, de grands magasins, de vastes places, d'églises classées et de beaux musées, Villefranche reste une petite ville relativement peu fréquentée, au charme bien français, et dépourvue de site historique majeur. Toutes deux sont cependant intéressantes et leurs ports sont si proches qu'ils proposent les mêmes excursions.

L'escale à Nice est parfois remplacée par Villefranche, qui possède un port en eaux profondes, notamment quand la mer est trop forte pour transférer les passagers à terre. C'est pourquoi les deux ports sont jumelés. Dans l'un comme dans l'autre, les bateaux font en général une escale d'une journée ; il arrive que certains paquebots ne lèvent l'ancre qu'à 23h.

L'hôtel Negresco, depuis longtemps un monument de Nice.

Nice

A **Nice**, la zone portuaire (Lymphe) se situe dans la partie est de la baie. Les paquebots de croisière s'amarrent actuellement dans un petit bassin d'où partent aussi les ferries ; la construction d'un quai et d'un terminal de croisière est prévue. Une fois ce projet terminé, Nice deviendra le port d'attache d'un nombre accru de

> A la question de savoir pourquoi il aimait tant Nice, le peintre Henri Matisse (1869-1954) répondit : *« Lorsque je compris que, chaque matin, je verrais cette lumière, je n'en crus pas ma chance. »*

bateaux, mais les docks possèdent encore peu d'équipements, hormis quelques bars et bistros. Vingt minutes à pied le long du quai Aruba-Capos, du quai des Etats-Unis et de la promenade d'origine de Nice (les Pochettes) suffisent pour rejoindre la partie la plus intéressante de la ville, le Vieux Nice et, un peu plus loin, la promenade des Anglais, bordée de magnifiques demeures et hôtels Belle-Epoque qui donnent sur une enfilade de treize plages payantes. Entre le port et la vieille ville, un escalier de 400 marches monte aux magnifiques jardins du **château**.

Le mariage de maisons aux couleurs vives, de ruelles étroites, de cafés et de restaurants fait du Vieux Nice la partie la plus jolie de la ville et la plus agréable où flâner, avec la **cathédrale Sainte-Réparate** (XVIIᵉ siècle), la **chapelle de la Miséricorde** (baroque, XVIIIᵉ siècle) et le splendide **palais Lascaris** (ouvert mar-dim 10h-12h et 14h-18h).

Autre attraction majeure, l'immense marché aux poissons, aux fleurs et aux légumes du **cours Saleya** a lieu tous les matins sauf le lundi, où il est remplacé par une brocante.

Si vous avez le temps, visitez le **musée d'Art contemporain** (promenade des Arts ; ouvert mar-dim 10h-18h), le **musée national Marc-Chagall** (avenue du Docteur-Ménard ouvert mer-lun 10h-18h) et le **musée Matisse** (164 avenue des Arènes-de-Cimiez ; mêmes horaires). Le premier est facilement accessible à pied en remontant la rue Jean-Jaurès vers le nord-est. Pour les autres, vous devrez prendre le bus ou un taxi si vous manquez de temps. Ces trois musées passionnants sont d'une taille raisonnable, ce qui permet de ne pas y passer tout son temps.

Nice est une ville de shopping excellente. L'avenue Jean-Médecin, jalonnée de magasins, arbore un centre commercial à l'américaine. Le cours Julien, au sommet de la Canebière, rassemble les boutiques de mode. Les rues autour du cours Saleya révèlent de vieux magasins intéressants, qui vendent des produits typiques de la région : huile d'olive, savons à l'huile et produits à la lavande. C'est aussi un bon endroit pour acheter du parfum ; les usines Fragonard se trouvent à Eze *(voir p. 85)* et à Grasse, la capitale mondiale du parfum, qui réunit les autres grands noms *(voir p. 86)*.

Pour goûter au vrai Nice, allez déjeuner dans le Vieux Nice, notamment autour du cours Saleya. Vous aurez le choix entre d'excellents restaurants de poisson et des bistros tout simples vendant de la socca, une pizza locale à la farine de pois chiches, et des salades niçoises. Sur le Vieux Port, vous pourrez goûter à l'autre spécialité locale, la bouillabaisse.

Villefranche-sur-Mer.

Villefranche-sur-Mer

Les navettes vous déposent à une petite jetée à l'extrémité ouest de **Villefranche-sur-Mer**. Pour atteindre le centre-ville, derrière le terminal, il suffit de traverser la rue et de gravir quelques marches. En prenant à droite sur le front de mer, vous longerez la plage étroite qui ondule à l'est de la baie.

Malgré le nombre de bateaux qui font escale à Villefranche, la ville a conservé son atmosphère paisible et détendue, en partie parce que la plupart des passagers partent
découvrir les autres stations balnéaires de la côte, et en partie
parce que la zone comprise entre la route cotière et la route
supérieure (dans la Corniche inférieure) est un véritable dédale de ruelles piétonnières, d'escaliers et de venelles bordées de maisons aux volets couleur pastel. Ce quartier et le
front de mer regorgent de cafés, restaurants et pâtisseries.

Principal site à voir de Villefranche, la minuscule **chapelle Saint-Pierre** arbore un intérieur décoré par Jean Cocteau
(1889-1963), qui adorait la ville.

Nice et Monaco sont facilement accessibles en train, mais si votre budget vous le permet, prenez un des nombreux taxis qui attendent à l'extérieur du terminal. La gare est à 10 minutes à pied du terminal, en haut des marches en face de la plage ; repérez le pannonceau de la SNCF, car l'escalier est peu visible depuis la promenade. Il y a en général deux ou trois trains par heure ; Nice est à 7 minutes, Cannes à 25 minutes et Monaco à moins de 20 minutes.

Excursions au départ de Nice et de Villefranche

Les sorties d'une demi-journée vont au village perché d'Eze, au repaire d'artistes de Saint-Paul-de-Vence, ou à Grasse, la capitale du parfum. Des excursions d'une journée visitent aussi Cannes et Monaco.

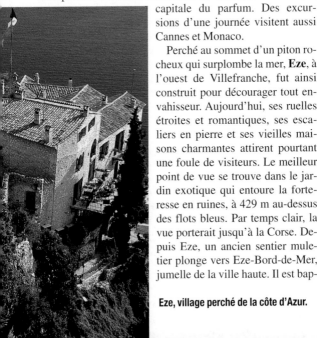

Perché au sommet d'un piton rocheux qui surplombe la mer, **Eze**, à l'ouest de Villefranche, fut ainsi construit pour décourager tout envahisseur. Aujourd'hui, ses ruelles étroites et romantiques, ses escaliers en pierre et ses vieilles maisons charmantes attirent pourtant une foule de visiteurs. Le meilleur point de vue se trouve dans le jardin exotique qui entoure la forteresse en ruines, à 429 m au-dessus des flots bleus. Par temps clair, la vue porterait jusqu'à la Corse. Depuis Eze, un ancien sentier muletier plonge vers Eze-Bord-de-Mer, jumelle de la ville haute. Il est bap-

Eze, village perché de la côte d'Azur.

tisé « sentier de Nietzsche », car le philosophe allemand aimait particulièrement s'y promener.

Les fortifications de **Saint-Paul-de-Vence** furent construites par François Ier au XVIe siècle pour assurer la défense de la ville contre Nice et les ducs de Savoie. Bien qu'elle soit jolie – parcourir ses étroites rues piétonnières ne prend que quelques minutes – c'est l'art qui attire les visiteurs. L'hôtel de la Colombe d'Or, en face de la place principale sur la place du Général-de-Gaulle, abrite une importante collection privée d'art moderne donnée par Picasso, Léger et Calder, qui payaient leurs repas en tableaux. La **Fondation Maeght** (ouverte tlj 10h-12h30 et 14h-18h oct-juin, 10h-19h juil-sept), installée sur une colline à l'extérieur de la ville, expose des œuvres de Chagall, Miró et Braque, entre autres.

Grasse est une charmante ville de l'arrière-pays, où vous pourrez visiter le musée international de la Parfumerie et la parfumerie Fragonard, dont les visites guidées expliquent le processus de fabrication des parfums. Vous pourrez bien sûr y acheter ses produits et visiter la maison natale du peintre Jean-Honoré Fragonard (1732-1806).

Monaco

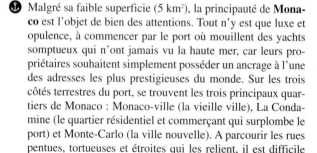 Malgré sa faible superficie (5 km²), la principauté de **Monaco** est l'objet de bien des attentions. Tout n'y est que luxe et opulence, à commencer par le port où mouillent des yachts somptueux qui n'ont jamais vu la haute mer, car leurs propriétaires souhaitent simplement posséder un ancrage à l'une des adresses les plus prestigieuses du monde. Sur les trois côtés terrestres du port, se trouvent les trois principaux quartiers de Monaco : Monaco-ville (la vieille ville), La Condamine (le quartier résidentiel et commerçant qui surplombe le port) et Monte-Carlo (la ville nouvelle). A parcourir les rues pentues, tortueuses et étroites qui les relient, il est difficile d'imaginer que lors du Grand Prix de Monaco, les pilotes

La principauté de Monaco.

font des pointes à 300 km/h ! Les noms des rues évoquent à la fois l'histoire et le destin hollywoodien de la famille Grimaldi, qui règne sur la principauté. En 1297, François Grimaldi s'empara de la forteresse de Monaco et, onze ans plus tard, sa famille acheta les alentours au royaume de Gênes. En 1955, la principauté fit les gros titres des journaux lorsque le prince Rainier III épousa l'actrice Grace Kelly. Elle mourut dans un accident de voiture sur la Corniche en 1982. A sa mort en 2005, Rainier était le souverain d'Europe régnant depuis le plus longtemps. Son fils, le prince Albert, a pris sa succession. La principauté, indépendante (mais un protectorat français), continue de prospérer grâce à l'industrie, à la finance, au tourisme et aux jeux de hasard.

Pour que les passagers puissent profiter de la vie nocturne monégasque, les paquebots arrivent en général le matin pour repartir tard le soir. Les plus gros doivent encore jeter l'ancre au large, mais les plus petits se glissent le long du nouveau

Si votre budget vous le permet, Monaco est un lieu idéal pour acheter de la haute couture. Les principales boutiques se trouvent à Monte-Carlo (boulevard des Moulins, avenue des Beaux-Arts et avenue Princesse-Grace), et à La Condamine (rues Grimaldi et Caroline). La princesse Stéphanie a sa propre marque de maillots de bain.

quai flottant, à la sortie de l'avant-port, près de La Condamine. Monaco-ville occupe la colline à gauche du nouveau quai, tandis que Monte-Carlo est sur le promontoire à droite (via La Condamine). Les deux sont accessibles à pied du bateau par un ascenseur situé au bout de la Rampe Major (du quai Antoine), ce qui évite d'avoir à gravir la forte pente de Monaco-ville.

Monaco-ville vaut la visite pour la relève de la garde (tlj à 11h55) au palais du Prince, le tombeau de la princesse Grace à la cathédrale byzantine Saint-Nicolas, et plusieurs musées, dont l'extraordinaire **Musée océanographique** (ouvert tlj 10h-18h jan-mar, 9h30-19h avr-juin et sept, 9h30-19h30 juil-août), sur la faune marine. Il marque le point de départ et le terminus du train touristique de Monaco-ville.

Star de **Monte-Carlo**, le **Grand Casino** (tenue correcte exigée, entrée payante et passeport obligatoire) fut le premier casino d'Europe, inauguré en 1856. Il se dresse à côté de l'Opéra sur la place du Casino, un promontoire surplombant le port. Les ascenseurs desservant les hauts de La Condamine fournissent un raccourci vers la gare (boulevard Rainier-III) et le **Jardin exotique** (ouvert tlj 9h-19h mi-mai à mi-sept, 9h-18h mi-sept à mi-mai), qui abrite une belle collection de plantes subtropicales.

En une demi-journée au départ de Monaco, vous pourrez visiter Saint-Paul-de-Vence, Antibes et Eze, et Nice, Cannes et Grasse en une journée. Sinon, des trains desservent Eze, Villefranche-sur-Mer, Nice, Juan-les-Pins et Cannes.

La Corse

Située à 160 km au sud-ouest de la côte d'Azur et à 80 km de la côte ouest de l'Italie, la **Corse** est surnommée « l'île parfumée » en raison de son maquis aux herbes, plantes et fleurs persistantes odorantes qui poussent dans l'intérieur densément boisé de l'île. Ses paysages spectaculaires, qui présentent de forts contrastes entre les côtes sublimes et l'intérieur montagneux, lui ont valu un autre surnom bien mérité : « île de Beauté ». Ses vieilles villes portuaires sont particulièrement pittoresques, notamment Bonifacio et Calvi.

Les Corses, réputés pour leur esprit d'indépendance, ont livré bien des combats au fil des siècles pour défendre leur terre. L'île fut finalement cédée à la France par les Génois en 1768 (un an avant la naissance de Napoléon Bonaparte, natif d'Ajaccio). Aujourd'hui encore, les insulaires n'ont rien perdu de leur puissant sentiment identitaire.

Paysage corse de maquis odorant.

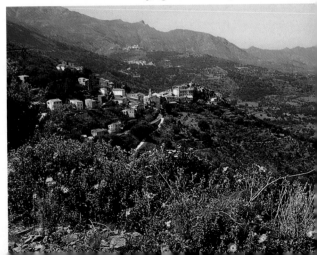

Ajaccio

⚓ Lovée au creux d'une baie splendide, **Ajaccio** a été la capitale de la Corse par intermittence depuis sa fondation par les Génois en 1492. Fascinant mélange d'ancien et de moderne, elle est connue comme la ville natale de Napoléon Bonaparte. Les croisières s'y arrêtent généralement pour la journée.

Le port est situé à l'extrémité nord de la baie. Même si la ville compte de nombreux édifices modernes, la citadelle historique qui la domine impressionne toujours autant. La plupart des bateaux s'amarrent au port plutôt que de proposer une navette à leurs passagers.

Les excursions commencent par une visite de la ville, parfaitement possible par ses propres moyens. Le plus grand marché (artisanat et alimentation) est visible depuis le quai. La vieille ville, nichée au pied de la citadelle, renferme la **maison Napoléon** (ouverte lun 14h-18h, mar-sam 9h-12h et 14h-18h). La cathédrale, où l'empereur fut baptisé, n'est qu'à quelques pas. La principale rue commerçante, le cours Napoléon, longe la vieille ville. Les parties plus récentes se distinguent par de grands boulevards bordés d'arbres, des parcs, des places et des statues de Napoléon.

Une des nombreuses statues de Napoléon à Ajaccio.

Ajaccio compte plusieurs plages, la meilleure étant située au bas des marches du boulevard Lantivy. Des sorties en bateau au large d'Ajaccio visitent les jolies **îles Sanguinaires**, tandis que des taxis desservent l'arrière-pays au prix fort. Depuis la gare, un train touristique traverse lentement de magnifiques paysages pour rejoindre **Corte**, la première capitale de l'île.

Les villages de Cargèse, Pinto et Filitosa, les Calanche de Piana et les gorges de la Spelunca figurent au programme des sorties à la journée au départ d'Ajaccio. Les excursions d'une demi-journée permettent en général de visiter les gorges du Prunelli et le lac de Tolla.

Calvi

Devenue une station touristique prisée, **Calvi** est un bon point de départ pour visiter les sites historiques de Corse. Comme à Ajaccio et Bonifacio, l'arrivée dans le port est dominée par la présence imposante de la citadelle qui couronne la ville. Le quai Landry, joliment aménagé, possède de nombreux cafés qui donnent sur le front de mer. C'est une artère passante derrière laquelle se concentre la vie nocturne locale. Les bateaux doivent jeter l'ancre au large et une navette conduit les passagers à terre. Les escales durent une demi-journée ou une journée.

Des montagnes spectaculaires se dressent au-dessus de Corte.

Comme nombre de ports méditerranéens, Calvi est construite sur deux niveaux, avec la ville nouvelle près du port et la vieille ville autour de la citadelle. Elle se visite à pied. La **cathédrale Saint-Jean-Baptiste** et l'**oratoire Saint-Antoine** se dressent sur le chemin qui montent à la **Citadelle** du XVe siècle. Pour découvrir seul les environs de Calvi, louez

La Corse, quatrième île de la Méditerranée par sa superficie, déroule 1 000 km de côtes ponctuées de plages de sable blond et d'anses rocheuses (ci-dessus : golfe de Porto, au sud de Calvi). A l'intérieur, les sommets granitiques (jusqu'à 2 710 m d'altitude) ont valu à la Corse son surnom de « montagne dans la mer ».

un taxi (onéreux), partez pour une excursion locale en car, ou prenez le train vers l'intérieur de l'île ou vers **L'Ile-Rousse**, une station balnéaire animée, située un peu plus loin sur la côte.

Bonifacio

La deuxième ville de Corse, **Bonifacio**, est à la pointe sud de l'île. Le port offre une vue fantastique sur les falaises imposantes qui l'entourent. Cette ville superbement située présente un grand intérêt historique. Les bateaux de croisière y font souvent escale une journée entière. La plupart jette l'ancre au large et transborde leurs passagers.

L'arrivée à Bonifacio demeure un moment marquant de toute croisière en Méditerranée. L'entrée dans le port se fait par le goulet de Bonifacio, un passage creusé dans la falaise, qui évoque l'époque où la ville était un repaire de pirates. Cernées de falaises de calcaire blanc et dominées par la citadelle médiévale, les petites maisons de ville ressemblent à des forteresses, prévues pour résister à un siège. Aujourd'hui, bien sûr, les seuls envahisseurs sont les passagers de croisière, et les pirates sont les propriétaires des cafés, restaurants et magasins de souvenirs du quai – avec des tarifs dignes de la côte d'Azur.

La ville basse commence immédiatement derrière le quai. Inutile de partir en visite guidée pour découvrir Bonifacio, car la ville se parcourt facilement. Une sortie en bateau dans le goulet offre toutefois la meilleure vue sur les vieilles maisons perchées sur la falaise en équilibre précaire. Le bateau est le seul moyen d'explorer la grotte de **Sdragonato**, dont le plafond est percé d'un trou de la forme de la Corse.

Pour remonter vers la citadelle, vous pouvez emprunter l'escalier du roi d'Aragon, taillé dans la roche au XVe siècle, mais l'ascension est rude. La route de la citadelle du XIIIe et de la Haute Ville est beaucoup plus longue. Les murs énormes de la citadelle surplombent la falaise calcaire, marquant les limites de la vieille ville, dont les maisons médiévales semblent prêtes à s'effondrer dans la mer. La Haute Ville forme un labyrinthe de ruelles étroites bordées de maisons hautes qui semblent pousser naturellement des falaises vertigineuses.

Bonifacio, perchée au sommet de falaises vertigineuses.

Visitez en excursion la réserve naturelle des **îles Lavazzi**, pour vous y baigner ou faire de la plongée dans des eaux limpides parmi d'énormes rochers blancs. Ou marchez le long des falaises, à l'est de la ville. **Propiano** et **Porto-Vecchio**, dans les collines, font partie des excursions typiques au départ de Bonifacio.

L'Italie

Climat : dans les ports de croisière, les hivers sont assez doux. Les étés chauds et secs sont tempérés par la brise marine, sur la côte tyrrhénienne plus que sur la côte adriatique. Les étés peuvent être torrides dans le sud et dans les îles.

Décalage horaire : GMT+1 (GMT+2 en été).

Horaires : les magasins ouvrent de 9h à 12h30 et de 15h30 ou 16h à 19h30 ou 20h. Dans les régions touristiques, les heures d'ouverture sont étendues ; à Venise, par exemple, de nombreux magasins sont ouverts le dimanche, alors qu'ailleurs presque tout est fermé ce jour-là. Les magasins sont également fermés le lundi (parfois uniquement le matin) et certains ferment le samedi.

Shopping : la réputation de la mode italienne n'est plus à faire. Le choix de vêtements et d'accessoires est immense. Un portefeuille bien garni est également nécessaire pour s'offrir des gravures anciennes et des céramiques, elles aussi plutôt chères.

Argent : l'unité monétaire est l'euro (€).

Jours fériés : 1er janvier ; Vendredi saint ; lundi de Pâques ; 25 avril ; 1er mai ; 15 août ; 1er novembre ; 8, 25 et 26 décembre. Outre ces dates, presque toutes les villes ont une fête patronale annuelle fériée.

Etiquette : les visiteurs indécemment vêtus peuvent se voir refuser l'entrée des églises. Il est interdit de fumer dans les lieux publics.

Pourboires : les Italiens ne laissent pas toujours de pourboires dans les restaurants. Les restaurants facturent encore le pain et le couvert (*pane et coperto*), bien que cette pratique ait été officiellement éliminée dans la plupart des villes. De plus, 10% se rajoutent souvent à l'addition pour le service. S'il n'est pas compris, laissez 12 à 15%.

Sécurité : prenez garde aux voleurs à la tire qui s'attaquent aux voitures et évitez de laisser des objets de valeur en évidence. Venise est une des villes les plus sûres d'Italie.

Numéros d'urgences : police 112 ; urgences générales 113 ; pompiers 115 ; ambulance 118.

Une gondole sur le Grand Canal de Venise.

L'ITALIE

Il fut un temps où les côtes ouest et est de l'Italie étaient respectivement dominées par les ports de Gênes et de Venise. Ces deux villes protégeaient leurs empires commerciaux grâce à des forts situés hors du territoire italien.

Aujourd'hui, les paquebots qui croisent sur la côte ouest font escale à Florence, Sienne et Rome, bien que Gênes et Naples soient tout aussi captivantes, et les ports de la splendide côte amalfitaine attirent les bateaux de plus petite taille. A Naples, les feux volcaniques du Stromboli constituent un temps fort de la route de la Sardaigne, qui associe des plages baignées de soleil, un intérieur d'une beauté rude et une certaine élégance cosmopolite. Sur la côte est, la visite de Venise, avec son labyrinthe de canaux, vaut à elle seule le voyage. Quant aux ports de Sicile, la plus grande île de Méditerranée, ils présentent de nombreuses affinités avec l'Afrique du Nord même s'ils demeurent très italiens.

Gênes

A l'arrivée dans la zone portuaire industrielle où accostent les bateaux de croisière, **Gênes** (Genova) s'étale joliment sur des collines ondoyantes. L'histoire de cette ville marchande remonte au Ve siècle. A son apogée au XIVe siècle, ses colonies s'étendaient jusqu'à la mer Noire.

Il y a deux terminaux voisins : l'immense Stazzione Maritima à deux niveaux, située à Ponte dei Mille, et celui des années 1930 de Ponte Andrea Doria. Les nouveaux terminal et quai d'amarrage destinés aux bateaux de croisière devraient ouvrir en 2007 à Ponte Parodi, près de la vieille ville.

A l'heure du repas des pigeons sur le port de Gênes.

Le vieux port, Porto Antico, et son front de mer superbement restauré sont à quelques minutes à pied (tournez à droite à la sortie des quais et prenez la route principale). Parmi les sites à voir, figurent le **Galata Museo del Mare** (musée de la Mer ; ouvert mar-dim 10h-19h30 mars-oct, 10h-18h nov-fév) et l'**Acquario** (Aquarium ; ouvert lun 10h-18h, mar-ven 9h30-19h30, sam-dim 9h30-20h30).

Plus loin du port, s'ouvre le marché de **Piazza Banchi**. Au-dessus des immeubles commerciaux de la place, se dresse une église en trompe-l'œil, **Chiesa di San Pietro della Porta**, construite au XVIe siècle. Egalement sur

la place, la **Loggia dei Mer-
canti** (XVIIIe siècle), un immense bâtiment au sol de
marbre, abritait la bourse.

Au sud-ouest, s'ouvre la
vieille ville, avec ses ruelles
étroites, sinueuses et parfois
très pentues, qu'il vaut
mieux parcourir à pied. En
retrait sur Piazza della Santa
Maria Magdalene, **Chiesa
Santa Maria Magdalene**
est une église à l'intérieur
d'une opulence inégalée.

**Un des lions du Duomo,
ou cathédrale San Lorenzo.**

Au cœur de la ville, **Piazza Ferrari** est une vaste esplanade au centre de laquelle trône une fontaine. Trois élégantes
rues marchandes (Via XX Settembre, Via Roma et Via XXV
Aprile) y rejoignent Via Dante. Le **Palazzo Ducale** (ouvert
9h-21h) longe le côté nord-ouest de la place ; l'intérieur abrite une grande salle voûtée et une vaste cour à colonnade.

Sur Piazza San Lorenzo, se dresse le **Duomo** (ouvert lun-
sam 9h-11h30 et 15h-18h). Cette cathédrale en marbre noir
et blanc du XIIIe siècle est également connue sous le nom de
San Lorenzo. Avec ses arcs gothiques délicats, ses marches
flanquées par des lions de pierre et son élégant campanile,
c'est un édifice de style pisan tout à fait exceptionnel.

Les boutiques de mode s'alignent sur **Via Roma**, et les antiquaires et marchands de tapis dans **Via XXV Aprile**. Là, le
café Illy est fréquenté par une clientèle élégante à l'heure du
déjeuner. L'arche de Galleria Garibaldi débouche sur **Via
Garibaldi**, bordée de demeures et de *palazzi* bâtis au XVIe
siècle au plus fort de la puissance maritime génoise.

Pour une vue panoramique sur Gênes, le port et la Méditerranée, prenez le funiculaire qui relie Piazza dell'Annun-

Vue sur le port de Portofino.

ziata aux anciennes fortifications de la ville.

Portofino

Portofino, dont le nom signifie « port des dauphins », attire une clientèle élégante depuis le XIXe siècle. Avec ses eaux limpides d'un vert profond et son superbe port naturel, minuscule au pied d'une baie escarpée tapissée de forêts, Portofino a plus d'un atout. En l'absence de quai de croisière, des navettes transbordent les passagers.

Portofino ressemble plus à un port de pêche et de plaisance qu'à une station balnéaire. A y regarder de plus près, on trouve pourtant de grands hôtels exclusifs et de somptueuses villas privées nichées dans les collines boisées. Pour éviter la foule dans le port minuscule aux maisons de couleurs vives, empruntez le sentier pavé de la falaise. Après l'église San Giorgio, de couleur jaune, le phare *(faro)* se dresse au bout du Monte Portofino, un promontoire protégé qui offre une vue exceptionnelle sur la côte. La végétation exotique des falaises laisse deviner, çà et là, de belles villas entourées de cyprès, de palmiers et d'une cascade de bougainvillées.

Un bateau bon marché relie fréquemment Portofino à l'**Abbazia di San Fruttuoso** (ouverte tlj 10h-16h mars-avr et oct, 10h-18h mai-sept, 10h-18h déc-fév lors des fêtes religieuses). L'abbaye expose des objets somptueux en ambre, des poteries du XIIIe au XVe siècle et des éléments architecturaux de l'édifice ; tout est parfaitement annoté (en italien). Le cloître offre une jolie vue sur la baie.

Portovenere

Haut lieu de toute croisière en Méditerranée, **Portovenere** ⚓
est perchée à l'extrémité d'un étroit promontoire. Ses hautes
maisons de couleurs vives se pressent contre la paroi escarpée, et les falaises des Cinque Terre plongent à pic dans les
flots bleus. Ce lieu magique s'apprécie au mieux en arrivant
par la mer. Les paquebots de croisière n'accostent pas à Portovenere, si bien que leurs passagers sont transbordés à terre.
Le front de mer rassemble les magasins touristiques, cafés et
restaurants de poisson habituels. L'office de tourisme se
trouve à l'arrière de la petite Piazza Bastreri, sur la droite.

L'**église San Pietro**, aux rayures noires et blanches de
marbre et de granite, se dresse à la pointe du promontoire. Le
parvis offre une belle vue sur les Cinque Terre. Un escalier
monte à la **Grotta Arpaia**, ou grotte de Byron, car la côte est
associée aux poètes romantiques anglais Byron et Shelley.

Les hautes maisons colorées de Portovenere.

Des ruelles étroites et des escaliers pentus montent à l'église romane **San Lorenzo**. Juste au-dessus, se dresse le **château** (ouvert tlj 10h-12h et 14h-18h avr-oct, 14h-17h nov-mars). Au Moyen-Age, Portovenere était un avant-poste fortifié de la république de Gênes ; la forteresse génoise fut en grande partie démantelée en 1453, si bien que le château actuel est de style baroque. Via G. Capellini, bordée de vieilles maisons et de boutiques pittoresques, redescend vers Piazza Bastreri et le front de mer.

Excursions au départ de Portovenere

Les excursions à la journée visitent généralement Pise *(voir p. 105)*, Florence *(voir p. 102)* et les Cinque Terre *(voir ci-après)*. Des bateaux desservent aussi **Isola Palmaria**, une île habitée par des moines bénédictins depuis le Moyen-Age. Elle est classée parc naturel régional.

Corniglia, un village perché inscrit au Patrimoine mondial.

Les **Cinque Terre** (Cinq-Terres) rassemblent cinq villages : Monterosso al Mare, Vernazza, Corniglia, Manarola et Riomaggiore. Perchés sur la côte rocailleuse au nord de Portovenere, ces nids d'aigle inscrits au Patrimoine mondial de l'Unesco

La région de Gênes, dans la partie occidentale de la Ligurie, s'appelle Ponente, en référence au soleil couchant. La Ligurie orientale porte le nom de Levante, en référence au soleil levant.

se distinguent par des ruelles étroites et escarpées, des maisons colorées et des places minuscules ; les alentours sont classés parc naturel. L'accès en voiture étant quasiment impossible, ces villages ont été épargnés par le tourisme de masse. Desservis par des sentiers bien balisés et offrant des vues à couper le souffle, ils attirent les randonneurs.

Livourne

Depuis sa fondation au XVIe siècle par les grands ducs de Toscane (les Médicis), **Livourne** (Livorno) est un port majeur d'Italie ; c'est aujourd'hui le troisième du pays. De nombreuses villas baroques et Renaissance furent malheureusement bombardées pendant la Seconde Guerre mondiale. Dans les années 1990, la ville reconstruite connut une période difficile. Aujourd'hui, elle montre à nouveau des signes de prospérité, notamment grâce au nombre croissant de paquebots de croisière qui y font escale.

Pour la plupart des passagers de croisière, Livourne demeure une simple porte d'accès à Florence *(voir p. 102)*, Pise *(voir p. 105)*, Sienne *(voir p. 107)*, Lucques *(voir p. 108)* et la campagne toscane des alentours. Tous ces lieux sont accessibles en excursions organisées ou de façon indépendante, soit en train, efficace et bon marché, soit en taxi, qui peut revenir moins cher qu'une visite organisée si vous voyagez en groupe de deux ou plus.

Florence

A une heure et demie-deux heures en train de Livourne, **Florence** (Firenze) fut le berceau de la Renaissance, ce retour aux idéaux classiques qui toucha l'art, l'architecture, la philosophie et la politique en Europe, marquant la fin du Moyen-Age. Malgré les inondations et les bombardements, la ville a conservé une grande partie de son patrimoine Renaissance : églises et palais ornés de fresques, édifices publics, sculptures et œuvres d'art mondialement connues. Relativement petite (et pour la plupart piétonnière), la ville se parcourt aisément à pied. Le fleuve Arno, qui coupe la ville en deux d'est en ouest, permet de se repérer.

Les toits de Florence au pied de la coupole du Duomo.

Santa Maria Novella est une immense église dominicaine du XIIIe siècle, dont la façade en marbre blanc et vert de 1470 est signée Leon Battista Alberti. La troisième travée dans la nef de gauche abrite un des plus beaux tableaux de la ville, la *Trinité de Masaccio*, une œuvre célèbre pour son utilisation précoce de la perspective et de la profondeur.

Dirigez-vous ensuite vers San Lorenzo, que Brunelleschi dessina avant la coupole du Duomo. Cette église est renommée pour ses exquises chapelles des Médicis, qui témoignent de la grandeur de la dynastie florentine.

Au sud-est, sur **Piazza del Duomo**, les différents édifices présentent un résumé des styles de la Renaissance. Le petit **Battistero** (Baptistère), à l'ouest de la cathédrale est orné de superbes portes en bronze sculpté. Le concours organisé pour leur réalisation opposa les plus grands artistes d'alors. Dans l'esprit de compétition du XVe siècle, de nouvelles

Ponts sur l'Arno.

idées artistiques émergèrent qui reléguèrent l'art sacré stylisé du Moyen-Age au profit d'un plus grand réalisme.

L'architecture atteignit de nouveaux sommets – au sens propre du terme, comme l'illustre le dôme de l'immense cathédrale. Depuis les Romains, personne n'avait osé construire une telle coupole. Brunelleschi consacra plusieurs années à l'étude du Panthéon de Rome (Ier siècle) avant de se lancer. A côté, le Campanile de Giotto, aux motifs délicats et tout de marbre vert, rose et blanc, fut dessiné en 1334 par le grand artiste du XIVe siècle.

De là, dirigez-vous vers **Piazza della Signoria**, qui réunit un ensemble étonnant de sculptures et statues en plein air, de fontaines monumentales et de palais. Cette place a été le théâtre de nombreux hauts faits de l'histoire florentine, dont la mise à mort sur le bûcher du prédicateur révolutionnaire Savonarole en 1498. Il fut la victime de la lutte pour le pouvoir que se livraient les citoyens florentins à l'esprit républicain et les puissants princes Médicis, qui régnaient sur la ville depuis presque 500 ans. Remarquez la copie de l'immense *David* de Michel-Ange (l'original se trouve à la galerie de l'Accademia).

La *Naissance de Vénus,* de Botticelli, à la galerie des Offices.

Au sud, près des berges de l'Arno, la célèbre **Galleria degli Uffizi** (galerie des Offices ; ouverte mar-dim 8h15-18h30) fut dessinée par l'architecte Vasari pour accueillir les bureaux administratifs des Médicis. Elle abrite aujourd'hui des tableaux italiens et européens, y compris plusieurs chefs-d'œuvre comme *La naissance de Vénus* et *L'allégorie du printemps* de Botticelli, *Tondo Doni* de Michel-Ange, ainsi que des œuvres de Léonard de Vinci, Raphaël, Titien et Giotto.

A l'ouest de la galerie, le **Ponte Vecchio** (Vieux Pont) date de 1345. Sa chaussée centrale couverte est bordée de part et d'autre de boutiques d'orfèvres et de joailliers, qui perpétuent une tradition séculaire.

A l'est des Offices, l'**église Santa Croce**, surnommée le panthéon florentin, est la dernière demeure de nombreux grands hommes de la ville, notamment Michel-Ange, Machiavel et Galilée. Ce dernier y fut inhumé en 1737, même si pendant des années l'Eglise lui refusa une sépulture chrétienne pour hérésie, pour avoir affirmé que la Terre tourne autour du Soleil. Dans la partie orientale de l'église, les fresques aux couleurs magnifiques et aux détails minutieux représentent des scènes de la *Vie du Christ* sont l'œuvre de Giotto, considéré par beaucoup comme un des pères de la Renaissance. Il apprit l'art de la fresque (depuis longtemps oublié en Occident) auprès d'artistes grecs itinérants, et son œuvre, unanimement admirée et souvent copiée, atteignit de nouveaux sommets d'expression artistique et de réalisme.

Si vous avez le temps, Piazza Michelangelo s'avère parfaite pour s'orienter. Cette grande place, ornée de reproductions des chefs-d'œuvre de Michel-Ange, domine toute la ville. L'Arno s'écoule en contrebas, tandis que, sur la gauche, la magnifique coupole du Duomo s'élève au-dessus des toits de tuile ocre de la ville.

Pise

A son apogée du XIe au XIIIe siècle, **Pise** (Pisa), à 20 minutes de Livourne en train, était au cœur d'un empire maritime qui s'étendait le long de la côte tyrrhénienne, en Corse, en Sardaigne, en Sicile, en Syrie, en Palestine et en Egypte. Prestige oblige, elle décida de financer la construction d'un ensemble d'édifices religieux en marbre blanc (le Duomo, le Campanile ou Tour penchée, et le Baptistère), baptisé **Campo dei Miracoli** (Champ des miracles). Le **Duomo** (ouvert tlj 9h-18h mars, 8h-20h avr-sept, 9h-17h oct-fév) débuta en 1063 pendant l'âge d'or, en l'honneur de la victoire de Pise sur les Sarrazins en Sicile. L'architecte Buscheto n'hésita pas à faire écrire en latin sur la dernière arcade de gauche : *« Cette église de marbre est sans égale »*.

La Tour penchée de Pise.

A cause du sol instable, le **Campanile** (Tour penchée ; ouverte tlj 8h-20h avr-sept,

9h-18h mars et oct, 9h-17h nov-fév) a toujours été penché. Commencé en 1173, il s'inclinait déjà lors de l'aménagement du troisième étage (il en compte huit au total). L'infléchissement s'accentua au fil du temps et, à la fin du XXe siècle, la tour déviait de 4,50 m par rapport à la verticale. De peur qu'elle ne s'écroule, les autorités la fermèrent au public en 1990 pendant que les ingénieurs cherchaient une solution. Finalement, il fut décidé d'extraire le sol des fondations sur le côté opposé à l'inclinaison et, dès 2001, la tour s'était redressée de 45 cm, soit une réduction de 10% de son inclinai-

Les écrivains florentins

Dante Alighieri (1265-1321), membre d'une famille guelfe, fut exilé par une faction de son parti pendant les 19 dernières années de sa vie. Son œuvre épique et immortelle, *La Divine Comédie*, décrit un voyage en Enfer et au Purgatoire avant d'arriver enfin au Paradis. C'est un des chefs-d'œuvre de la littérature mondiale. Dante y juxtapose l'ordre politique divin et l'ordre social avec l'infâme réalité de la société corrompue qui l'entoure. Il fut le premier auteur à écrire en langue courante et non en latin, ce qui a valu au toscan vernaculaire le statut d'« italien pur », encore parlé aujourd'hui et utilisé dans la littérature.

Pétrarque (Francesco Petrarca, 1304-74), né à Arezzo, était le fils d'un avocat florentin. Poète, érudit et ami de Boccace, il était un des érudits les plus brillants de son temps. Il œuvra à la redécouverte de la littérature classique, qui ouvrit la voie au lyrisme poétique de la Renaissance. Pétrarque est surtout connu pour ses poèmes à Laure, dans lesquels il exprime un amour idéalisé et non partagé.

Boccace (Giovanni Boccaccio, 1313-75) était un érudit et un universitaire spécialiste de l'œuvre de Dante. Il survécut à la peste et utilisa son expérience pour son chef-d'œuvre en prose, *Le Décaméron*. Ecrite en italien encore compréhensible de nos jours, cette œuvre est sans égale par son érotisme, son humour et la vivacité de ses personnages.

son. La tour est à nouveau ouverte au public, avec un maximum de 30 personnes à la fois autorisées à gravir les 293 marches de l'étroit escalier en colimaçon (visite toutes les 40 minutes).

Sienne

A 34 km au sud de Florence, **Sienne** (Siena) demeure une ville médiévale perchée. Ses remparts renferment un dédale de ruelles étroites et tortueuses qui n'ont guère changé depuis le XVIe et avant. La ville elle-même présente un mariage somptueux de brique et de pierre, tout en tons rouges patinés et vieux rose (d'où l'expression « terre de sienne »).

Dans la cathédrale de Sienne.

Dans l'enceinte médiévale, l'architecture gothique domine, du Palazzo Pubblico du début du XIVe siècle, sur la place principale à côté de l'élégante Torre del Mangia de 97 m de haut, à l'immense cathédrale à rayures noires et blanches, en passant par les *palazzi*.

Au cœur de la ville, l'immense **Piazza del Campo**, ou Il Campo, curieusement en pente, accueille les courses de chevaux du Palio deux fois durant l'été ; les billets sont impossibles à obtenir. Le quartier historique est interdit à la circulation. Déambulez dans les rues pittoresques et sinueuses qui montent jusqu'au **Duomo**, la splendide cathédrale gothique édifiée en 1196 au sommet de la plus haute colline de Sienne. Son extérieur rayé noir et blanc se voit de loin.

Lucques

Visiter **Lucques** (Lucca) prend à peine une journée, mais le calme qui règne au sein de ses remparts parfaitement conservés est irrésistible. L'ambiance n'y a pas toujours été aussi paisible. Pour maintenir la paix aux XVe et XVIe siècles, les marchands de soie de Lucques payaient les armées ennemies afin qu'elles contournent la ville. Lucques, ville natale de compositeurs, dont Boccherini et Puccini, organise plusieurs festivals de musique estivaux.

> Dante, Pétrarque et Boccace écrivaient en toscan. Au XVIe siècle, ce dialecte régional devint officiellement la langue nationale, ce qui reste une source de grande fierté pour les Toscans.

Passeggiata delle Mura, le chemin de ronde ombragé, au sommet des remparts en brique des XVIe et XVIIe siècles, offre une belle vue d'ensemble sur le *centro storico*, interdit aux voitures. Le **Duomo San Martino** (ouvert dim-ven 9h30-17h45, sam 9h30-18h45) est une cathédrale de style pisan commencée en 1060. Au nord-ouest du Duomo, visitez l'**église San Michele in Foro**, édifiée sur le site d'un forum romain. Pour vous imprégner de l'ambiance médiévale de la ville, parcourez les élégants palais du XIVe siècle de Via Guinigi et les maisons-tours de Via Fillungo, qui débouche sur l'amphithéâtre romain de Piazza del Mercato.

L'île d'Elbe

⚓ **Portoferraio**, le principal port de l'île, était considéré par l'amiral Nelson comme le plus sûr du monde, car il est dominé par les forts Médicis et Stella et la Torre del Martello. Le quai, le Mollo del Gallo, s'étire au pied des fortifications de la vieille ville. Prenez à droite en descendant du bateau et marchez jusqu'au vieux port, bordé de cafés et de commerces. L'arche de la Porta a Mare, au centre du port, débouche sur les rues commerçantes autour de Piazza Cavour.

Allez ensuite au **fort Stella** (ouvert tlj 9h-20h), ou montez tout droit du quai jusqu'au fort Médicis. Au-delà du fort Stella, se dresse la maison d'un des plus célèbres résidents de l'île, Napoléon. La **Villa dei Mulini** (ouverte lun-sam 9h-19h, dim 9h-13h mars-oct) doit son charme à ses meubles d'époque et à ses jardins à l'italienne.

Si vous disposez d'une journée entière, l'île se parcourt aisément en taxi. A gauche du port, dans la ville nouvelle, des bus desservent toutes les heures la résidence d'été de Napoléon, **San Martino** (ouverte lun-sam 9h-19h, dim 9h-13h mars-oct), à 6 km de là. Cette petite villa offre une vue magnifique sur Portoferraio.

A l'ouest de Portoferraio, une route panoramique conduit à **Marciana Marina**. Elle dessert de nombreuses plages très courues, dont Le Ghiaie, aux galets multicolores, et La Biodola, la plage la plus chic de l'île.

Le fort Stella de Portoferraio, sur l'île d'Elbe.

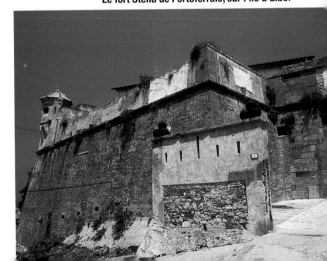

Civitavecchia

En 106 av. J.-C., l'empereur Trajan ordonna la construction d'un port à **Civitavecchia**, car sa situation géographique était idéale pour desservir Rome. Encore en activité, il est un des mieux équipés d'Italie. Civitavecchia marque le départ et l'arrivée de nombreuses croisières, et les paquebots qui y font escale s'arrêtent en général une journée pour que leurs passagers puissent visiter Rome, à 80 km au sud-est.

Rome

Des excursions à **Rome** (Roma), une escale importante de toute croisière en Méditerranée, sont toujours disponibles, mais la capitale est aisément accessible par vos propres moyens – le trajet en train dure de 50 à 75 minutes. Pour visiter le Vatican, mieux vaut descendre à la gare San Pietro ; sinon, allez jusqu'à Termini. N'oubliez pas de composter

La place Saint-Pierre.

votre billet de retour sur le quai avant de monter.

Une balade dans la Ville éternelle retrace l'histoire de la civilisation occidentale. Des ruines antiques, des églises splendides et des œuvres d'art de la Renaissance s'ajoutent à l'énergie colorée de l'Italie moderne pour faire de Rome une des villes les plus fascinantes du monde. Son histoire incroyable l'a portée à la tête d'un des empires les plus puissants et les plus vastes

L'escalier de la place d'Espagne.

que le monde ait connu. Siège de l'Eglise catholique, c'est un lieu de pèlerinage pour des millions de croyants. Au XVe siècle, ce fut un des épicentres de la Renaissance. Enfin, Rome est aussi la capitale de l'Italie. Une journée ne suffit pas pour la visiter, mais même une brève excursion en laisse un souvenir impérissable.

A quelques minutes à pied de la gare Termini, se trouvent le **Museo Nazionale Romano** (quatre sites), qui possède une collection d'antiquités de Rome, et le somptueux Palazzo Barberini (XVIIe siècle), qui abrite la **Galleria Nazionale de Arte Antica** (ouverte mar-dim 9h-19h), où sont exposés des tableaux de Lippi, Le Greco et Le Caravage, entre autres. Après la visite, vous aurez le temps de déjeuner ou de prendre un verre en terrasse avant de retourner au bateau.

Sur **Piazza di Spagna** (métro Spagna), se dresse la maison rose où s'éteignit le poète romantique anglais John Keats. Côté shopping, les boutiques Dior, Gucci et Moschino se sont glissées parmi les immenses galeries marchandes du quartier. L'**escalier de la Trinité-des-Monts** agit comme un aimant sur les touristes, les musiciens et les marchands ambulants qui proposent des T-shirts, de la maroquinerie et des bijoux. Le haut des marches offre une vue magnifique sur les toits, le Vatican et les sept collines de Rome. Tout en haut, vous trouverez des galeries d'art huppées.

La **Fontana di Trevi** (fontaine de Trevi), accessible à pied depuis Piazza di Spagna, est la plus grande tirelire d'Europe. Si vous voulez revenir à Rome, ou si vous souhaitez retourner au port sain et sauf, vous devez tourner le dos à la fontaine et jeter une pièce de monnaie dans l'eau par-dessus votre épaule. Située juste devant l'**église Santi Vincenzo e Anastasio**, la fontaine fut sculptée par Nicola Salvi entre 1732 et 1762.

Le Colisée.

Les ruines du stade de Domitien, où se déroulaient les courses de chars, s'étendent sous **Piazza Navona**. Au Moyen-Age, les papes inondaient la place pour y organiser des batailles navales. Aujourd'hui interdite à la circulation, elle est idéale pour déjeuner ou prendre un verre dans un des élégants restaurants. La **Fontana dei Quattro Fiumi** (fontaine des Quatre-Fleuves), chef-d'œuvre du Bernin, fait le bonheur des personnes qui s'y baignent. Le soir, la place sert de galerie en plein air aux artistes romains.

Le **Colisée** (Colosseo ; ouvert tlj 9h-15h, 16h, 16h30, 17h ou 19h selon la période de l'année) est un des principaux vestiges de l'Antiquité. Jadis recouvert de marbre, il accueillait 50 000 spectateurs pour les jeux du cirque. Son inauguration en l'an 80 donna lieu à un bain de sang entre gladiateurs et animaux sauvages, qui dura plusieurs semaines. L'arène était inondée pour des batailles navales.

Le Vatican

En 324, l'empereur Constantin fit du christianisme la religion officielle de l'Empire et les premières églises de Rome furent bâties. Le déclin de l'Empire poussa Constantin à transférer sa capitale à Constantinople, ex-Byzance et actuelle Istanbul, mais la papauté demeura à Rome. Aujourd'hui, la **cité du Vatican** (Citta del Vaticano) est un Etat souverain indépendant et, avec seulement 400 habitants, un des plus petits du monde. Considéré comme un des sites majeurs de Rome, il attire une foule de touristes, si bien que la visite peut prendre une bonne partie de la journée.

La spectaculaire **Piazza San Pietro** (place Saint-Pierre) du Bernin et ses colonnes doriques sont dominées par les statues de 140 saints. Cette immense esplanade forme l'entrée

Les sept collines de Rome

La capitale italienne est construite sur sept collines, l'Aventin, le Capitole, le Celius, l'Esquilin, le Palatin, le Quirinal et le Viminal, de part et d'autre du Tibre, à 35 km de la mer. La Comune di Roma compte près de trois millions d'habitants répartis sur une superficie de 1 507 km², comprenant l'Etat indépendant du Vatican (qui occupe moins d'un demi-kilomètre carré). Située à la même latitude que New York, Rome bénéficie d'un climat doux, mais les étés sont parfois très chauds ; mieux vaut donc la visiter au printemps ou en automne.

de la **basilique Saint-Pierre** (Basilica di San Pietro ; ouverte tlj 9h-17h15 oct-mars, jusqu'à 18h15 avr-sept), construite sur ordre de l'empereur Constantin en 324. Saint Pierre aurait été crucifié au Cirque de Néron, à gauche du site.

Le **Musei e Gallerie del Vaticano** (ouvert lun-ven 8h45-15h45, sam et dernier dim du mois 8h45-13h45 en été ; lun-sam et dernier dim du mois 8h45-13h45 en hiver) renferme certaines des plus belles œuvres d'art chrétien. Une journée ne suffisant pas pour tout voir, choisissez quelques œuvres majeures, par exemple les fresques de Botticelli, Pinturicchio et Ghirlandajo de la **chapelle Sixtine** (Cappella Sistina), et le spectaculaire plafond réalisé par Michel-Ange.

Naples

L'immense baie de Naples est dominée par le cône brumeux du Vésuve, paisiblement endormi au-delà du chaos de la

La baie de Naples, avec le Vésuve en toile de fond.

Le Castel Nuovo de Naples.

ville tentaculaire. **Naples** (Napoli), Sorrente, Capri et Amalfi, sur le golfe de Salerne plus au sud, sont les principaux ports d'escale pour Pompéi, Herculanum, le Vésuve et la côte amalfitaine – quatre excursions généralement proposées par les armateurs.

Même selon les critères italiens, le chaos semble permanent à Naples, comme si son million et demi d'habitants descendait dans la rue en même temps. Le port, le deuxième d'Italie, est au cœur de la ville et les sites les plus intéressants sont à proximité. Un projet de 500 millions d'euros est en cours pour transformer certains quartiers, y compris la zone portuaire. Le réaménagement du terminal s'est achevé en 2005 ; une promenade piétonnière et un port de plaisance sont également prévus.

Aujourd'hui, c'est pour sa situation géographique plutôt que pour ses propres attraits que Naples figure sur l'itinéraire de tant de croisières. Car les sites archéologiques de Pompéi et d'Herculanum sont à quelques kilomètres, et la ville est la porte d'accès à la côte d'Amalfi. Peu de compagnies utilisent Naples comme port d'attache, bien que les infrastructures soient présentes. Les bateaux de croisière préfèrent y faire escale une journée pour permettre à leurs passagers de choisir une excursion à terre.

L'arrivée dans la baie de Naples est une expérience inoubliable : l'entrée du port, impressionnante, est dominée par l'imposant château médiéval de Sant'Elmo, perché au sommet de la colline du Vemero. Quant au Castel Nuovo (XIIIᵉ siècle), il se dresse sur le quai d'amarrage des bateaux, de

Une rue napolitaine typique, où la lessive est mise à sécher.

part et d'autre du grand terminal, Stazione Maritima.

A la sortie du terminal, vous êtes immédiatement au cœur de Naples. Bien que la ville semble s'étendre vers la droite, la section la plus intéressante est la vieille ville, droit devant, au-delà du Castel Nuovo et de Piazza Municipio, et à gauche en direction de Piazza Plebiscito. Immédiatement à votre gauche, Molo Beverello est le guichet et l'embarcadère des ferries et des hydroptères à destination de la station balnéaire de Sorrente et de l'île de Capri.

Les vieilles rues étroites de Naples se prêtent bien à la flânerie. Le vacarme incessant des scooters et des klaxons de voitures anéantit tout espoir de calme, et il faut faire attention à ses objets de valeur, mais c'est la meilleure façon de s'imprégner de l'ambiance napolitaine. Les circuits de découverte de la ville se consacrent principalement aux jolis paysages des environs. La marche à pied constitue la seule vraie façon d'explorer la ville. A 15 minutes à pied du terminal, vous trouverez trois des hauts lieux de Naples : le **Castel Nuovo**, avec son extraordinaire arche Renaissance ; le **Palazzo Reale** (ouvert mar-sam 9h-19h) et son escalier monumental en marbre ; et le **Teatro San Carlo** (XVIIIe siècle), le plus grand opéra d'Italie, à la façade abondamment ouvragée.

Une promenade plus longue (ou une brève course en taxi) sur Piazza Municipio et Via Toledo débouche sur un quatrième lieu intéressant, le **Museo Archeológico Nazionale** (ouvert lun et mer-dim 9h-19h), qui abrite une des plus belles collections archéologiques du monde, grâce aux trésors inestimables de Pompéi et d'Herculanum *(voir p. 118)*.

Amalfi

Au début du Moyen-Age, **Amalfi** était une grande puissance maritime et un des principaux ports de commerce italien, avec quelque 80 000 habitants. Aujourd'hui, cette petite ville animée vit du tourisme. Amalfi a donné son nom à la portion de côte escarpée située entre Sorrente et Salerne. Même les petits bateaux de croisière doivent jeter l'ancre au large et transporter leurs passagers à terre. Les bateaux restent en général une journée entière, plus rarement une demi-journée.

L'arrivée dans le port abrité d'Amalfi est une des plus belles de la Méditerranée. La ville, avec ses maisons carrées aux toits de tuile rouge et aux murs blancs, se niche au creux d'une profonde gorge boisée. La navette vous dépose au cœur de la ville, sur Piazza Flavio Gioia. Il n'y a pas de terminal, mais il suffit de traverser la route pour trouver la tête de ligne des taxis, l'office de tourisme, des cabines téléphoniques, des banques et des bureaux de change. Et vous n'êtes qu'à 100 m de la place principale, Piazza Duomo.

Sur la côte d'Amalfi.

La plupart des magasins visent une clientèle touristique. Ils sont ouverts toute la journée, mais les produits de qualité y sont rares. Vous y trouverez cependant quelques objets d'artisanat intéressants et il est à peu près impossible de repartir sans une bouteille de Limoncello, la liqueur locale fabriquée à base de citron.

Pompéi et Herculanum

Situé à l'embouchure du fleuve Sarno, **Pompéi** était un port prospère au Ier siècle. Ce ne fut pas une éruption soudaine, mais un phénomène tout aussi dévastateur qui frappa ses 20 000 habitants en août 79. Malgré des signes avant-coureurs, comme un tremblement de terre 17 ans plus tôt, le Vésuve, planté de vignes jusqu'à son sommet, n'était pas considéré comme une menace. Plusieurs jours durant, des secousses sismiques se produisirent. Puis, vers midi le 24 août, un champignon s'éleva de la montagne et obscurcit le soleil. Un torrent de cendres, de scories et de pierres ponces retomba alors sur les villages environnants. La terre trembla à plusieurs reprises et un raz-de-marée balaya les côtes, alors que les habitants tentaient de s'enfuir à pied ou en bateau. Les toits des bâtiments s'écroulèrent sous le poids des débris volcaniques. Le 27 août, après trois jours d'apocalypse, le ciel commença à s'éclaircir, mais Pompéi était enseveli sous 7 m de cendres. Avec la pluie et le temps, les cendres se solidifièrent, préservant tout ce qu'elles contenaient. La ville ne fut redécouverte qu'en 1594, lorsque des ouvriers travaillant sur le chantier d'un aqueduc mirent au jour des murs et des tablettes. Mais il fallut attendre 1748 pour que des fouilles sérieuses fussent entreprises.

Au même moment, **Herculanum** fut comblée par un torrent de gaz brûlants charriant des cendres et des pierres ponces. La ville se retrouva à 20 m sous terre. Jusqu'en 1980, seuls quelques corps avaient été mis au jour et on pensait que les 5 000 habitants avaient pu s'enfuir. Puis on découvrit des centaines de squelettes d'hommes, de femmes et d'enfants qui s'étaient réfugiés dans les grottes du port. Ils ont permis aux anthropologues d'étudier la taille et l'état de santé des Romains, qui brûlaient leurs morts (les cimetières ne contiennent que des urnes).

Amalfi étant compacte, elle se parcourt aisément à pied. Outre ses nombreux cafés, restaurants de poisson, commerces et sa petite plage, le **Duomo di Sant' Andrea**, sur Piazza Duomo, constitue le principal site à voir. Réputée pour son cloître et sa crypte, cette cathédrale du IXe siècle a été reconstruite et restaurée à maintes reprises. Un peu plus loin de la place, se trouvent le musée du Papier, dans une ancienne papeterie, et l'usine Limoncello. Longez ensuite le front de mer et, à 10 minutes du quai, vous atteindrez un ancien couvent transformé en hôtel (Luna Convento). Son res-

Des vestiges de Pompéi illustrent le mode de vie romain.

taurant, construit dans le fort attenant, surplombe les flots. Une autre promenade de 5 à 10 minutes conduit à la ville d'**Atrani**, moins touristique et plus petite.

Excursions au départ de Naples et d'Amalfi

La ravissante île de **Capri**, célébrée en chanson, est renommée pour son abondance de parterres fleuris en été. **Sorrente** (Sorrento), la grande dame des stations napolitaines, et les sites archéologiques de **Pompéi** et **Herculanum** *(voir ci-contre)* comptent parmi les excursions d'une journée proposées au départ de Naples ou d'Amalfi. La **Grotte bleue** se visite dans le cadre d'une courte sortie en bateau.

Des gondoles amarrées le long du Grand Canal.

Venise

Depuis toujours source d'inspiration des écrivains et des artistes, **Venise** (Venezia) continue d'envoûter tous ceux qui la visitent. Aucune autre ville ne mérite mieux son inscription au Patrimoine mondial de l'humanité. C'est l'escale parfaite, car tout est facilement accessible. Les voitures sont interdites, ce qui permet d'explorer tranquillement le dédale de ruelles pavées reliées par quelque 500 ponts historiques.

Piazza di San Marco (place Saint-Marc) et la Basilica di San Marco (basilique Saint-Marc), le somptueux Palazzo Ducale (palais des Doges), l'imposant Campanile et le pont du Rialto bordé de boutiques qui enjambe le Grand Canal sont autant de sites universellement connus. Mais la beauté de Venise réside aussi dans le détail, dans le quotidien d'une ville sur laquelle le temps ne semble pas avoir d'emprise.

Venise n'est jamais morte, mais elle est nettement moins fréquentée au printemps, en automne et en hiver qu'en été.

En basse saison, les visites et le shopping sont plus faciles, mais il faut parfois traverser la place Saint-Marc sur des passerelles en bois en raison des crues occasionnelles.

De nombreuses compagnies ont choisi Venise comme port d'attache pour un ou plusieurs navires. Pour d'autres, c'est un simple port d'escale. Le débarcadère principal se trouve après la place Saint-Marc, si bien que le bateau passe devant avant d'entrer au port. Si vous voyagez sur un gros paquebot, montez au pont supérieur, d'où la vue sur le centre-ville et les îles de la lagune est spectaculaire.

Certains armateurs proposent une navette entre les quais et la place Saint-Marc par les canaux. Sinon, la station de *vaporetto* (aquabus) se trouve à côté des terminaux. La ligne n°34 est la plus rapide. Si vous prévoyez plus de quatre trajets en *vaporetto* pendant votre escale, mieux vaut acheter un billet à la journée *(gionaliero)*. Les *vaporetti* sont fréquents et bon marché, mais lents à cause des nombreux arrêts. Les aquataxis sont plus rapides, mais beaucoup plus chers. Sur le Grand Canal, préférez un *traghetto*, ou gondole-navette.

Certains bateaux accostent à San Basilio, à l'écart du principal terminal de croisière mais desservi par *vaporetto*, ou à Riva Sette Martiri, d'où Saint-Marc est accessible à pied en franchissant neuf ponts et le célèbre hôtel Danieli (10-15 minutes).

Masque vénitien.

La place Saint-Marc
Napoléon disait de la **place Saint-Marc** (Piazza di San Marco) qu'elle était *« le plus beau salon d'Europe »*. Cœur et âme de Venise, elle est le point de départ idéal

Au-dessus du maître-autel de la basilique Saint-Marc, la Pala d'Oro dépeint plusieurs dizaines de scènes de la Bible. Son cadre en or délicatement ouvragé contient l'équivalent vénitien des bijoux de la Couronne : 1 300 perles, 400 grenats, 300 saphirs, 300 émeraudes, 90 améthystes, 75 balas-rubis, 15 rubis, quatre topazes et deux camées.

de toute visite. La sublime **basilique Saint-Marc** (ouverte lun-sam 9h30-17h30, dim 14h-17h30 avr-sept, lun-sam 10h-16h30, dim 14h-16h30 oct-mars) domine la place. Elle fut édifiée en 832 (puis reconstruite plusieurs fois) pour accueillir les reliques de saint Marc, dérobées dans son tombeau d'Alexandrie par un groupe de marchands vénitiens. A l'époque, ce méfait fut perçu comme un acte pieux, car les voleurs sauvaient de saintes reliques d'une terre gouvernée par des infidèles musulmans. Les mosaïques de l'atrium relatent ce périple.

L'intérieur de l'église est entièrement orné de marbre et de mosaïques, avec un Christ en Majesté sur le plafond de la coupole centrale. Comme les reliques de saint Marc, la plupart des matériaux utilisés pour construire l'édifice furent volés ou pillés. Parmi les trésors, figurent les célèbres chevaux de Saint-Marc, un quadrige grec ou romain (l'incertitude demeure) en bronze doré datant de l'an 200 environ. Dérobé à l'Hippodrome de Constantinople, il fut installé sur un balcon au-dessus du portail principal de la basilique (ceux visibles de la place sont des copies, les originaux étant conservés au **Museo Marciano** de la basilique).

Le **Trésor** expose des objets en or et des icônes byzantines serties de pierres précieuses, ainsi que de fascinantes reliques des débuts de la chrétienté.

Pour une vue saisissante sur la place et la ville, prenez l'ascenseur qui monte au sommet du plus haut édifice de Venise (100 m), le **Campanile di San Marco** (ouvert tlj 9h-19h mars-juin, 9h-21h juil-sept, 9h30-16h oct-fév). Au fil des siècles, il a servi de phare, de tourelle et de beffroi. A vos pieds, apparaissent les coupoles exotiques de la basilique, la superbe extrémité en coin du Dorsoduro (qui marque le début du Grand Canal) et l'île où se dresse l'église San Giorgio Maggiore. Tout autour, s'étagent les toits de tuile rouge de la vieille ville. Selon une légende locale, Galilée aurait conduit le doge jusqu'ici pour lui montrer son télescope. Curieusement, aucun canal n'est visible du haut du Campanile.

Gondolier au repos.

A côté de la basilique, le **palais des Doges** (Palazzo Ducale ; ouvert tlj 9h-17h30 mars-oct, 9h-17h nov-fév) fut le siège du gouvernement vénitien du IXe au XVIIIe siècle. Les immenses salles du conseil, où les doges rencontraient leurs conseillers, arborent de magnifiques fresques de grands artistes vénitiens, dont Véronèse et Le Tintoret.

Ces salons grandioses étaient à deux pas des célèbres prisons de la ville, reliées au palais par le beau **pont des Soupirs** (Ponte dei Sospiri). Loin d'être romantique, ce nom fait référence aux soupirs de désespoir des prisonniers condamnés à moisir au cachot. Casanova, natif de Venise, fut emprisonné pour conduite scandaleuse, mais l'aventurier parvint à s'évader par un trou percé dans le toit en plomb.

Si vous avez envie d'un café sur la place Saint-Marc, allez faire un tour au **Caffè Florian** ou au **Caffè Quadri**, les plus prestigieux de la ville. Les tarifs sont exorbitants.

Le long du Grand Canal

De la place Saint-Marc, prenez un *vaporetto* sur le Grand Canal pour apprécier la succession de monuments historiques qui le jalonnent. En face de Piazzetta di San Marco, la

Gondoles et gondoliers

Rien n'est plus symbolique de Venise que les gondoles, même s'il s'agit aujourd'hui d'une attraction touristique plutôt que d'un moyen de transport. Les gondoles existent depuis le XIe siècle. Près de 14 000 sillonnaient les canaux de la ville au XVIIIe siècle ; aujourd'hui, il en reste moins de 500. Construites à la main et à partir de 280 pièces de bois, toutes sont identiques. Curieusement, elles sont asymétriques : le côté gauche est plus large que le droit pour permettre au gondolier de canoter et de diriger confortablement. Les gondoles sont peintes en noir, vestige des lois somptuaires de 1562 qui visaient à restreindre les extravagances de la société vénitienne. Elles ont également conservé leur curieuse proue métallique à dents *(ferro)*. Plusieurs théories expliquent le symbolisme et la forme du *ferro* : selon certains, les lames représentent les six quartiers de Venise ; pour d'autres, sa forme rappelle le Grand Canal, ou encore la coiffe du doge. Bien souvent, le gondolier arbore le costume traditionnel, avec son canotier et son maillot rayé. Si vous voulez qu'il chante la sérénade, il faudra payer un supplément.

magnifique église baroque de **Santa Maria della Salute** (ouverte tlj 9h-12h, 15h-18h), appelée « la Salute » par les Vénitiens, fut construite en offrande à la Vierge Marie pour avoir mis fin à l'épidémie de peste de 1630, qui décima plus d'un tiers de la population de la lagune. Plus loin à l'ouest, le **Palazzo Venier dei Leoni** abrite la **Collezione Peggy Guggenheim** (ouverte mer-lun 10h-18h), léguée par l'héritière américaine expatriée Peggy Guggenheim. Cette collection d'art moderne compte parmi les plus riches d'Europe. Près de là, à côté du pont de l'Académie, la

Vers Santa Maria della Salute.

Galleria dell'Accademia (ouverte lun 8h15-14h, mar-dim 8h-19h15) renferme la plus belle collection d'art vénitien au monde ; c'est le lieu le plus visité de la ville après la place Saint-Marc et le palais des Doges.

Les amateurs d'art vénitien se rendront ensuite au nord de la ville, à l'**église Madonna dell'Orto** (ouverte lun-sam 10h-17h, dim 13h-18h), chef-d'œuvre du gothique vénitien (*vaporetto* n°52 au départ de la station Santa Lucia). Elle est aussi connue pour ses liens étroits avec le peintre de la Renaissance Le Tintoret car c'était l'église de sa paroisse. Il y est d'ailleurs inhumé avec sa famille, à droite du chœur, près du maître-autel. Quelques-uns de ses tableaux sont accrochés aux murs.

Murano et Burano

Pour visiter les îles de **Murano** ou **Burano**, comptez 30 à 45 minutes dans chaque sens au départ de la place Saint-Marc. En une journée, vous pourrez voir les sites de Saint-Marc et vous rendre à Murano ou Burano, mais prévoyez un temps suffisant pour retourner au bateau. Une bonne solution consiste à visiter seul les alentours de Saint-Marc, puis à participer à la sortie d'une demi-journée organisée par votre bateau.

Murano est célèbre dans le monde entier pour sa tradition de verre soufflé. La fabrication du verre à Venise remonte au Xe siècle, mais les fours ouverts posaient un tel risque d'incendie qu'en 1292, la République ordonna le transfert des manufactures à Murano. Une fois regroupés sur l'île, les souffleurs de verre gardèrent jalousement leurs secrets de fabrication plusieurs siècles durant. Ainsi, la fabrication de miroirs resta longtemps une exclusivité vénitienne.

Les maisons de Burano forment un arc-en-ciel de couleurs.

Burano produisait jadis les plus belles dentelles du monde ; le délicat *punto in aria* était le plus recherché d'Europe. Aujourd'hui, la dentelle vendue dans le commerce est importée d'Asie. Seules quelques femmes de l'île, formées à la **Scuola del Merletto** (école de la Dentelle) de Piazza Galuppi, perpétuent la tradition de la dentelle de Burano.

La fabrication du verre de Murano remonte au Xe siècle.

Vérone

La « belle **Vérone** », ville de *Roméo et Juliette*, possède un amphithéâtre romain, des ponts superbes et des églises ravissantes. Elle peut se visiter indépendamment des excursions organisées. Des trains partent de la gare Santa Lucia de Venise toutes les heures, pour un trajet d'une heure et demie.

Cet ancien village romain est aujourd'hui une des villes les plus élégantes et prospères d'Italie. Les habitants se retrouvent sur **Piazza Brà**, à l'ombre de la magnifique **Arena Romana** (ouverte mar-dim 9h-18h30, lun 13h45-19h30 ; 8h-15h30 à la saison d'opéra juil-août) du Ier siècle. Du côté nord de Piazza Brà, le Liston, une artère bordée de cafés et de restaurants, conduit aux boutiques, galeries et antiquaires de l'élégante Via Mazzini. A droite au bout de Via Capello, le *palazzo* du XIIIe siècle serait, selon l'office de tourisme local, la maison de Juliette (Casa di Giulietta).

Piazza delle Erbe occupe l'emplacement de l'ancien forum romain. Ce vaste espace doit sa beauté aux divers tours et palais qui l'entourent. Le **Palazzo Maffei** baroque se dresse à côté de la **Torre del Gardello** de style gothique.

La Sardaigne

Les voyageurs qui connaissent l'Italie sont frappés par les différences entre le continent et la **Sardaigne** (Sardinia), même s'ils découvrent également quelques similitudes. Les magnifiques plages de l'île comptent parmi les plus propres de la Méditerranée et l'intérieur de l'île permet de s'adonner à la randonnée, à l'escalade et à la spéléologie.

Cagliari, capitale de la Sardaigne, est aussi un des plus grands ports de la Méditerranée. D'abord une colonie phénicienne et un *castrum* (camp) romain, la ville devint finalement un port incontournable sur la route commerciale entre l'Occident et l'Orient. La domination culturelle des envahisseurs successifs (Pisans, Maures, Aragonais et Espagnols) lui a donné une ambiance cosmopolite surannée et des aspirations de grandeur déchue. Aujourd'hui, elle est pourtant devenue une ville méditerranéenne par excellence.

Baignade au large de la Sardaigne.

Cagliari

⚓ **Cagliari** est un port animé de lignes de ferry vers la Tunisie, la Sicile, Naples, Livourne et Gênes. Depuis peu, la ville accueille des escales de croisière pour développer le tourisme. Elle est plus appréciée des armateurs scandinaves, britanniques et allemands que des compagnies de style italien. Les paquebots s'amarrent à différentes jetées et une navette gratuite dépose les passagers à Stazione Maritima, sur le front de mer. Visitez de préférence le port pendant

Le quartier Marina de Cagliari.

la traditionnelle promenade du soir, la *passegiata*. Les belles arcades de Via Roma, parallèle au port, abritent des cafés typiques et des boutiques élégantes.

Au lieu de l'excursion habituelle au site archéologique de Nora, certains préfèrent parcourir Cagliari et s'imprégner de son atmosphère si méditerranéenne, regarder passer les habitants, s'asseoir à la terrasse d'un café et faire les boutiques de céramique. C'est le meilleur endroit de l'île pour un repas de poisson, car la cuisine sarde de l'intérieur est plutôt connue pour ses viandes rôties que pour ses produits de la mer. Si vous voulez découvrir la vieille ville de Cagliari sans effort, montez à bord d'un des « trains » touristiques qui partent de Piazza Carmine, dans le quartier de Stampace. Ils circulent plusieurs fois par jour, sauf le lundi en basse saison.

Avec son port adossé à une colline escarpée, Cagliari possède un certain cachet suranné. Les façades de couleur terre cuite et ocre, souvent richement ornées d'arabesques tradi-

Poisson frais cuit sur la plage.

tionnelles, se pressent pêle-mêle contre la colline. Parmi les principaux sites à visiter, figurent l'amphithéâtre romain et les rues en damier romain, flanquées par les bastions médiévaux qui dominent la ville.

Les maisons de couleurs pastel et les balcons en fer forgé délicatement ouvragés font de San Domenico le quartier idéal pour s'ouvrir l'appétit. De Piazza de Gasperi, du côté est du port, prenez vers le nord par Via Gramsci. Elle conduit directement au quartier San Domenico, près de la cathédrale romane.

Les plus courageux grimperont jusqu'à la **Citadelle** pisane. Elle a conservé ses murailles défensives du XIᵉ siècle, qui offrent une vue panoramique sur la vieille ville. Les autres peuvent prendre un taxi ou le train touristique dans le port pour la Citadelle ou le pittoresque Terrazzo Umberto.

Si vous appréciez les beaux paysages, le bastion de San Remy, agrémenté de palmiers, de pins et de chênes, présente une imposante façade de grès et de granite offrant une vue spectaculaire sur les vieux quartiers de Cagliari, les pinèdes, une belle lagune et les montagnes environnantes.

Si l'appel de la plage se fait trop pressant, vous devrez quitter Cagliari. Préparez un pique-nique et demandez à un taxi de vous conduire au complexe balnéaire de **Poetto**, à l'entrée d'une immense baie de sable, à 4 km à l'ouest de Cagliari. Mettez-vous d'accord sur l'heure à laquelle le taxi devra revenir vous chercher.

La Sicile

Si votre bateau fait escale dans un port sicilien, vous pren-
drez immédiatement conscience des influences historiques
qui ont marqué cette partie centrale de la Méditerranée. La
Sicile a un côté italien indéniable, mais aussi des affinités
avec l'Afrique du Nord, assez proche à vol d'oiseau. La plupart des visiteurs se dirigent immédiatement vers les pentes
du mont Etna ou à Taormine, à environ 40 km sur la côte.
Mieux vaut réserver auprès de votre compagnie maritime
l'excursion au mont Etna.

Palerme

L'architecture de **Palerme** (Palermo) et l'histoire de la Sicile
reflètent les invasions successives de plusieurs grands em-
pires méditerranéens. Là, Carthage, la Grèce et Rome ont
laissé leurs empreintes, tout comme les hordes de Goths et

En bateau dans les eaux siciliennes.

Fresques de Palerme.

de Vandales, jusqu'à la stabilité relative de l'ère arabo-romane à partir de 1072. Les Arabes ont introduit les citrons, les oranges, les dates et la canne à sucre, aujourd'hui encore des produits d'exportation. A son apogée, Palerme était une des villes les plus riches d'Europe. Ce n'est plus le cas, mais elle demeure une ville chaleureuse du sud, à l'architecture grandiose du XVIIIᵉ.

En général, les bateaux font escale une journée entière à Palerme. Parcourez la ville le matin, puis passez l'après-midi dans les collines, plus fraîches, et profitez-en pour visiter la cathédrale historique de Monreale. Les paquebots organisent des visites guidées de Palerme et Monreale, mais vous pouvez aussi les découvrir indépendamment.

Les quais ne sont qu'à 10 ou 15 minutes à pied du Teatro Politeama Garibaldi. Des calèches décorées de clochettes et de rubans proposent des balades, mais veillez à fixer le prix avant de monter. Les taxis proposent des visites de la ville ; vérifiez que le chauffeur parle français et négociez le tarif.

Sur Corso Vittorio Emanuele, derrière des jardins à la française rafraîchis par des fontaines, se dresse le **Duomo** (cathédrale ; ouvert lun-sam 9h30-17h30). Poursuivez jusqu'à Piazza Independenza, où le **Palazzo dei Normanni** (ouvert lun-sam 9h-11h45, lun-ven 15h-16h45, dim 9h-10h et 12h-12h45) accueille le Parlement de Sicile. Ses mosaïques et ses couloirs voûtés évoquent sa splendeur passée. Des jardins paisibles et ombragés s'étendent devant.

Les **Catacombe del Convento dei Cappuccini** (catacombes des Capucins, Via Cappuccini ; ouvertes lun-ven 9h-12h et 13h-17h) exposent les talents d'embaumeurs des moines capucins – déconseillé aux âmes sensibles ! Des Palermois momifiés sont étendus dans des cercueils et sur des étagères, ou se dressent dans des niches des murs. Les 8 000 corps sont regroupés par sexe, profession et âge.

Les bateaux proposent une sortie aux temples antiques de **Sélinonte** (Selinunte), sur la côte ouest, de l'autre côté d'un promontoire. La ville fut presque entièrement détruite en 410 av. J.-C., mais les vestiges indiquent qu'elle fut jadis prospère et relativement sophistiquée.

Monreale et Cefalù

Certaines croisières proposent des excursions à **Monreale**. (Vous pouvez aussi prendre un bus sur Piazza Independenza ; le trajet dure 20 minutes et vous trouverez facilement un taxi ou un autre bus de retour sur Piazza Vittorio Emanuele à Monreale.) Cette petite ville lumineuse baignée par la fraîcheur des collines possède des magasins, bars et pizzerias où passer l'après-midi. Le **Duomo** abrite une mosaïque dorée seulement surpassée en taille par celle de la mosquée Sainte-Sophie à Istanbul. La construction débuta en 1186. L'intérieur ar-

La cathédrale de Monreale.

bore 6 340 m^2 de fabuleuses mosaïques byzantines et vénitiennes illustrant des scènes bibliques. Utilisant plus d'une tonne d'or, elles étincèlent de mille feux lorsque le soleil traverse les vitraux. La cathédrale a également un magnifique cloître roman. Autre excursion possible, **Cefalù** est une charmante ville médiévale dotée d'une cathédrale romane et d'une belle plage de sable. Cette ville perchée au bord d'une falaise se trouve à environ 60 km à l'est de Palerme.

Messine

Au bord de la mer Ionienne, avec un pied en Méditerranée orientale et l'autre en Méditerranée occidentale, **Messine** (Messina) est depuis longtemps un port d'escale majeur. Avec pour seules rivales Palerme et Catane, Messine est un carrefour de croisière en Sicile. Mais à cause du séisme qui dévasta la région en 1908, Messine est la ville côtière la moins jolie de l'île. Le centre-ville est banal, mais les excursions en mer n'en sont que plus attirantes. **Taormine** (Taormina) est le Saint-Tropez sicilien. L'excursion au mont Etna permet de voir de près l'activité volcanique. Ces deux sorties sont incontournables, mais si vous n'êtes pas d'humeur aventureuse, rendez-vous au **Duomo**, la cathédrale romane de Messine, avant de prendre un verre sur le quai.

Le projet de construction d'un terminal de croisière à Messine est embourbé dans

> **Le détroit de Messine, qui sépare la Sicile de l'Italie, est célèbre pour ses eaux traîtresses qui ont inspiré le mythe grec de Charybde et Scylla. Scylla, un monstre à six têtes, habitait dans les rochers du côté italien et dévorait les marins. Charybde était un monstre fabuleux qui vivait dans les tourbillons du côté sicilien et engloutissait les navires entiers. En fait, ces eaux sont périlleuses à cause de la rencontre de deux courants marins opposés.**

les luttes politiques locales, et le pont qui franchirait le détroit de Messine risque de ne jamais voir le jour. A l'heure actuelle, le port de Messine est un modèle de chaos à l'italienne, même si son abord majestueux laisse deviner sa grandeur passée. Le port en croissant est romantique à la tombée de la nuit, avec les lumières qui scintillent sur le front de mer.

En été, un train touristique gratuit effectue la visite complète du centre-ville. Il dessert, entre autres sites, le **Duomo** normand, dont le campanile abrite une horloge astronomique, et plusieurs églises arabo-romanes qui ont survécu au tremblement de terre. Mais à moins de succomber à la paresse, le centre-ville est facile d'accès à pied.

Taormine

Spectaculairement située sur les versants du Monte Tauro au-dessus de la baie de Giardini, et donnant à l'ouest sur le

Le Théâtre gréco-romain de Taormine.

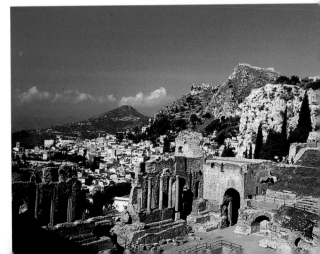

mont Etna, **Taormine** (Taormina) est une destination prisée depuis fort longtemps, avec ses rues typiques et ses cours débordant de bougainvillées. Les bateaux jettent l'ancre au large et une navette conduit les passagers à la jetée, à l'autre bout de la baie de Giardini, pour une escale d'une journée.

En arrivant, vous verrez Taormine au sommet d'une colline qui domine le port de Giardini-Naxos ; mais si votre bateau appareille après la tombée de la nuit, le départ sera encore plus spectaculaire, car les remparts de la ville sont illuminés le soir. La plupart des croisiéristes organisent des sorties en bus jusqu'à Taormine, ainsi que des excursions au mont Etna ou des circuits dans l'île d'une demi-journée. Le trajet vers la ville dure de 15 à 20 minutes.

Après Porta Catania, vous découvrirez le **Duomo** et, à 5 minutes de là, sur l'élégant Corso Umberto I, **Piazza IX Aprile**, qui offre une vue spectaculaire sur la baie. Encore 5 minutes à pied par Via Teatro Greco, sur la droite, et vous atteindrez le site le plus visité de la ville, le magnifique **Teatro Greco-Romano** (Théâtre gréco-romain ; ouvert tlj 9h-17h30), le troisième de ce type au monde. L'office de tourisme, dans le **Museo Siciliano** (Musée sicilien) au carrefour de Via Teatro Greco, dispose des horaires des trains. La gare est à quelques minutes à pied ; des trains fréquents et bon marché desservent Catane (une heure), Messine (une heure dix) et, plus rarement, Syracuse (deux heures vingt).

Derrière l'office de tourisme, une route pentue conduit tout d'abord au château, puis au sanctuaire de la Madonne, et enfin au joli village de **Castelmola**, perché à 3 km au-dessus de Taormine. L'ascension à pied prend deux heures, si bien que de nombreux visiteurs l'effectuent en taxi.

Catane

La ville de **Catane** (Catania) est un port industriel qui connaît des problèmes d'embouteillages et de délinquance, et son architecture a souffert des séismes, des éruptions du mont Etna et des bombardements de la Seconde Guerre mondiale. Elle a cependant su conserver un certain charme.

En approchant du port par temps clair, les fumerolles du mont Etna apparaissent dans le lointain. Ce volcan est la plus grande attraction naturelle de Sicile, mais aussi sa plus haute montagne. Pour les Grecs anciens, l'Etna était le royaume d'Héphaïstos, le dieu du Feu, et la demeure des cyclopes. C'est le plus haut volcan d'Europe et, d'après les statistiques, le plus ancien volcan en activité du monde.

Sur la place principale, Piazza del Duomo, tout près des quais, le **Duomo** (XIe siècle) a été reconstruit après le séisme dévastateur du XVIIe siècle. Au centre, la **Fontana dell'Elefante** a été taillée dans de la lave noire. De là, remontez Via Etnea, où les citadins aiment flâner le soir pendant la *passeggiata*. Elle aligne les meilleurs magasins et cafés de la ville.

Vue sur la Sicile depuis le sommet du mont Etna.

Malte

Climat : l'île est renommée pour la douceur de son climat. En hiver, le thermomètre descend rarement en-dessous de 12°C. La pluie se limite en général de novembre à février. En été, il peut faire jusqu'à 43°C, mais la moyenne se situe à 29°C. D'avril à septembre, l'ensoleillement est quasiment ininterrompu, avec des pointes de chaleur.

Décalage horaire : GMT+1 en hiver et GMT+2 en été.

Horaires : les banques sont habituellement ouvertes du lundi au vendredi de 8h30 à 12h45 et le samedi de 8h30 à 12h. Les magasins sont ouverts du lundi au vendredi de 9h à 19h, avec une pause déjeuner entre 12h30 et 16h, ainsi que le samedi matin. Dans les villes touristiques, certains restent ouverts toute la journée et le week-end.

Shopping : artisanat maltais (verre soufflé, lainages, dentelle, paniers et fer forgé). Spécialités : orfèvrerie et argenterie.

Argent : l'unité monétaire est la livre maltaise (£M).

Jours fériés : 1er janvier ; 10 février ; 19 et 31 mars ; Vendredi saint et Pâques (mars ou avril) ; 1er mai ; 7 et 29 juin ; 15 août ; 8 et 21 septembre ; 8, 13 et 25 décembre.

Etiquette : pour entrer dans les églises, les femmes doivent se couvrir les épaules et éviter les décolletés profonds ; elles peuvent emprunter un châle ou elles se verront refuser l'entrée. Les mêmes consignes s'appliquent aux hommes en short. Le naturisme et le monokini son illégaux et passibles d'amende, mais ces deux pratiques sont courantes sur certaines plages isolées.

Pourboires : pour les serveurs, ajoutez 10%. Il n'est pas nécessaire de laisser un pourboire aux chauffeurs de taxi.

Sécurité : le taux de criminalité est bas et les femmes qui se promènent seules la nuit ne sont généralement pas importunées. Faites néanmoins appel à votre bon sens et soyez vigilant, car quelques voleurs à la tire et pickpockets peuvent sévir.

Numéros d'urgences : ambulance 196 ; pompiers et police 199 ; accidents de la route 191.

Bateaux de pêche colorés dans le port de La Valette.

MALTE

Successivement gouvernée par les Phéniciens, les Grecs, les Carthaginois, les Romains, les Arabes, les Siciliens, les chevaliers de Saint-Jean, les Français et finalement les Britanniques jusqu'à son indépendance au sein du Commonwealth en 1964, Malte a été la proie des envahisseurs jusqu'à la proclamation de la république en 1974. Sur cette île ovale, comme sa voisine Gozo, rocailleuse et aride, la végétation est éparse à l'exception des régions maraîchères.

La Valette

La Valette (Valetta) a toujours affiché une détermination implacable face aux envahisseurs, seulement égalée par son hospitalité à l'égard des visiteurs. Son peuplement remonte à l'âge du Bronze, et Mdina, l'ancienne capitale, possède une histoire aussi longue. Ce sont les deux principales destinations des excursions de croisière. Capitale de Malte, La Valette fut fondée par les chevaliers de Saint-Jean au XVIᵉ siècle autour d'un des plus beaux ports naturels de la Méditerranée. Après le grand siège turc de 1565, Jean de La Valette ordonna la construction d'une cité nouvelle fortifiée. Son plan en damier, ponctué de places ouvertes, fut dessiné par Francesco Laparelli, l'architecte du Vatican. Les chevaliers français, italiens, portugais et espagnols prirent résidence dans des auberges, aujourd'hui restaurées et ouvertes à la visite. Les chevaliers de Saint-Jean restèrent maîtres de Malte jusqu'à son invasion par Napoléon en 1798. Deux ans plus tard, l'île fut prise par les Anglais et demeura une colonie de l'Empire britannique jusqu'en 1964.

Les toits de La Valette.

Longtemps connue comme une ville bâtie « pour des gentilshommes par des gentilshommes », La Valette affiche son histoire dans des rues d'architecture Renaissance et baroque splendides. Le passé britannique reste très présent ; même si les Maltais affichent une forte identité nationale, l'île est à certains égards plus anglaise que la Grande-Bretagne.

Entre le ciel sans nuage et le bleu profond de la Méditerranée, falaises abruptes et criques abritées ponctuent la côte nord de Malte. Le littoral est brisé par un énorme bras de mer coupé en deux par un éperon rocheux et gardé par le fort Ricasoli à l'est et percé par les bastions du fort St Elmo, les fortifications les plus septentrionales de La Valette.

Les hauts remparts couleur de miel entourent le magnifique Grand Harbour (Grand Port) en croissant de lune. La ligne des toits, superbement ordonnée, est brisée çà et là par une tour ou un dôme. Pour profiter de la vue à l'arrivée au port, montez sur le pont ou choisissez

Malte est renommée pour son poisson frais.

une table avec vue pour le petit déjeuner, normalement à tribord avant, mais renseignez-vous auprès du serveur la veille.

Le navire accoste sur un large quai, au sud de Grand Harbour, réservé aux bateaux de croisière. Entouré de vieux bâtiments maritimes souvent en cours de restauration, il accueille des bus d'excursion et des navettes.

Le centre-ville est à 15-20 minutes à pied du port par une route poussiéreuse, étouffante et assez raide. Les taxis sont bon marché ; le personnel essaiera de vous vendre des billets avant la sortie du port, mais sachez qu'à l'extérieur, l'offre ne manque pas. Il y a également des taxis de mer.

A voir à La Valette

La Valette se visite à pied, mais rien ne vous empêche de prendre un taxi ou une calèche *(karrozzini)*. Négociez le prix de la course avant de partir. Les rues, larges et confortables, sont bordées de palmiers trapus. De courtes distances séparent les principaux sites. Les belles façades en pierre couleur crème sont agrémentées de balcons et de volets verts. La Valette compte de belles églises, d'excellents musées, des jardins spectaculaires et de vastes terrasses de cafés. Sur Palace Square (Misrah San Gorg), le **Grand Master's Palace** (palais du Grand-Maître ; ouvert lun-sam 8h15-17h, dim 8h15-16h15 oct à mi-juin, lun-dim 7h45-14h mi-juin à sept) fut bâti pour les chevaliers fondateurs en 1580, comme en témoignent ses œuvres d'art et ses ornements. Le Parlement maltais siège dans l'armurerie. Le musée expose de belles armures, dont une plaquée or, et la salle aux tapisseries accueillait jadis les réunions du Conseil des chevaliers.

Remontez Old Theatre Street jusqu'au **Manoel Theatre** (visites guidées lun-ven 10h30 et 11h30, sam 11h30), fondé en 1731. Non seulement les chevaliers y assistaient à des représentations, mais ils se produisaient aussi sur scène. Ce serait le deuxième théâtre d'Europe par l'ancienneté ; la superbe salle arbore des loges dorées et un plafond peint. A côté du théâtre Manoel, la **basilique Our Lady of Mt Car-**

La basilique Our Lady of Mont Carmel.

mel date de 1570. Sa coupole, détruite pendant la Seconde Guerre mondiale alors que la ville subissait de lourds bombardements en raison de son emplacement stratégique, fut méticuleusement reconstruite dans les années 1950.

De retour sur Palace Square, prenez à droite dans Republic Street. Sur St John's Square, se dresse la **co-cathédrale St John** (ouverte lun-ven, sam matin, offices le dim). Sir Walter Scott af-

A la co-cathédrale St John.

firmait que le spectaculaire intérieur baroque de 1577 était le plus frappant qu'il ait jamais vu. Tenue décente exigée.

L'auberge de Provence abrite le National Museum of Archaeology (Musée national d'Archéologie ; ouvert lun-sam 8h15-17h, dim 8h15-16h15 oct à mi-juin, lun-dim 7h45-14h mi-juin à sept). L'auberge est somptueuse et le musée, fort intéressant, expose des poteries, statuettes, outils en pierre, bijoux et autres objets de la préhistoire de l'île.

A la pointe de La Valette, le **fort St Elmo** occupe l'emplacement des premières fortifications des chevaliers. Il abrite le **National War Museum** (Musée national de la Guerre ; ouvert lun-sam 8h15-17h, dim 8h15-16h15 oct à mi-juin, lun-dim 7h45-14h mi-juin à sept). Les expositions sur la Seconde Guerre mondiale illustrent la bravoure et la résistance du peuple maltais lors du conflit, qui valurent à l'île entière la croix de Saint-Georges de l'Empire britannique. Au-dessus de la ville, les **Upper Barracca Gardens** (ouverts tlj 7h-18h) offrent une vue panoramique.

Les nombreuses boutiques de La Valette, joliment décorées, rendent le shopping très agréable. Parmi les spécialités
locales, figurent la dentelle, la broderie, la céramique et le
verre. Le marché de Merchant Street, qui commence sur
Market Square, s'avère particulièrement bien fourni.

De La Valette, des excursions sont organisées vers plusieurs villes maltaises, dont Mdina et Vittoriosa.

Mdina

Au centre de l'île, **Mdina** est la capitale médiévale de Malte.
Ses origines remontent à plus de 4 000 ans. Ses rues étroites
et sa situation élevée (150 m au-dessus du niveau de la mer)
en faisaient un site facile à défendre, qui bénéficie de la brise
estivale. L'entrée dans la vieille ville se fait par un petit pont
et une grande porte voûtée. La citadelle regorge d'édifices
charmants. Parmi ceux qui datent de la reconstruction du

Vue aérienne de Mdina et du village voisin de Rabat.

XVIIᵉ siècle après un tremblement de terre, figure la
cathédrale, avec ses belles
mosaïques et ses tombeaux
en marbre. Les paquebots
proposent des excursions à
Mdina, mais la ville est facilement accessible en car depuis La Valette. Quelle que
soit la formule que vous
choisissez, préparez-vous à
faire beaucoup de marche.

Vittoriosa

Les compagnies maritimes
proposent aussi des excursions à **Vittoriosa**, non loin
de La Valette, donc facile
d'accès en bus ou en taxi.
Egalement appelée Birgu,
cette ville fortifiée du XVIᵉ
siècle mérite une visite si
vous avez le temps. Les excursions du bateau présentent l'avantage d'inclure la
traversée de Grand Harbour
à bord d'une embarcation
traditionnelle maltaise. La
dhajsa est un bateau coloré

**Les bateaux de pêche
traditionnels de Malte
arborent un œil peint de
chaque côté de la proue.
L'œil d'Osiris, dieu
païen de la Fertilité et de
la Mort, repousserait le
mauvais œil. Sur cette île
résolument catholique,
paganisme et sainteté se
côtoient : les bateaux
portent le nom de saints
et transportent des sanc-
tuaires. Au printemps,
avant de partir en mer,
les marins repeignent les
yeux pour s'assurer une
protection maximale.**

arborant une paire d'yeux peints à la proue. Cette traversée
peut aussi s'arranger directement dans le port.

Navigation, jet-ski et plongée au tuba font partie des excursions à terre sur des plages proches de La Valette. Là encore, il est facile de s'y rendre par ses propres moyens.

La Croatie

Climat : la côte adriatique de la Croatie possède un climat plus méditerranéen que le reste du pays, avec des journées estivales chaudes et ensoleillées, et des hivers doux et humides. Les températures varient entre 5 et 10°C en janvier, pour atteindre 30°C en août. La saison touristique s'étend d'avril à octobre.

Décalage horaire : GMT+1.

Horaires : les banques ouvrent du lundi au vendredi de 7h à 15h et le samedi de 8h à 14h. Les magasins sont ouverts du lundi au vendredi de 8h à 19h/20h et le samedi de 8h à 14h. Dans certaines stations balnéaires, les boutiques ouvrent de 8h à 13h et de 17h à 23h.

Shopping : les souvenirs traditionnels croates incluent des cravates en soie et de la dentelle faite main, des remèdes à base d'herbes (en particulier de lavande), et des objets en pierre et en verre.

Argent : l'unité monétaire est la kuna (kn), divisée en 100 lipa, mais les euros sont acceptés partout.

Jours fériés : 1er et 6 janvier ; Pâques ; 1er mai ; fête-Dieu ; 22 et 25 juin ; 5 et 15 août ; 8 octobre ; 1er novembre ; 25 et 26 décembre.

Etiquette : la Croatie est de confession catholique romaine ; les marques d'affection en public entre homosexuels sont très mal perçues.

Pourboires : les taxes et le service sont habituellement compris dans les notes d'hôtels et de restaurants, mais il est de coutume d'arrondir aux 10 kn supérieures. Les chauffeurs de taxis arrondissent le montant de la course, donc le pourboire est inutile.

Précautions : en été, munissez-vous d'un chapeau et de crème solaire. Les baigneurs se méfieront des oursins (petites boules noires hérissées de piquants). Si vous marchez sur un oursin, les piquants peuvent se planter sous la peau et devenir très douloureux.

Soins médicaux : les accords passés avec la plupart des pays de l'UE permettent de recevoir des soins gratuits. Renseignez-vous sur les formulaires à remplir avant votre départ.

Numéros d'urgences : police 92.

Cloches d'églises en Croatie.

LA CROATIE

Depuis la fin de la guerre avec la Serbie après le démembrement de la Yougoslavie en 1991 et l'indépendance, la Croatie a travaillé avec acharnement à la reconstruction de son secteur touristique. Avec 2 000 km de côtes et un millier d'îles, c'est un pays attrayant pour les paquebots de croisière. Les principaux ports d'escale se trouvent sur la côte de Dalmatie : Split, deuxième ville de Croatie, avec ses magnifiques vestiges romains ; Dubrovnik, inscrite au Patrimoine mondial de l'Unesco, avec son centre historique piétonnier ceint de remparts médiévaux ; et les îles de Korčula et Hvar.

Split

Située sur la côte dalmate ensoleillée, **Split** est une des villes les plus animées et élégantes de l'Adriatique. A l'arrivée du bateau, la vue sur la vieille ville chatoyant dans la lumière matinale sur un fond de montagnes calcaires abruptes laisse

> **Parmi les spécialités croates**, dégustez les *lignje* (encornets frits), la *pasticada* (rôti de bœuf farci) et les *ćevapčići* (boulettes de viande épicées). Le merlot local est excellent et vous pouvez terminer votre repas par un verre de Travarica, l'eau-de-vie de Dubrovnik, agréablement parfumée aux plantes.

un souvenir impérissable. Le port se trouve à droite du centre-ville et le vieux quartier n'est qu'à 200 m (5 minutes à pied). La gare est encore plus proche, à 100 m.

Sous les palmiers, le front de mer, **Riva**, est bordé de terrasses de cafés et de restaurants bon marché. Tout droit, le **Dioklecijanova palača** (palais de Dioclétien) se dresse derrière une porte en bronze, naguère située sur le rivage et accessible uniquement en bateau. Ce palais, construit entre 295 et 305 par l'empereur romain Dioclétien pour ses vieux jours, demeure au cœur du quotidien de Split. L'ensemble d'origine abrite plus de 200 bâtiments et quelque 3 000 personnes y résident : au fil des siècles, les anciennes chambres et garnisons ont été converties en boutiques, bars, cafés, hôtels ou encore en maisons d'habitation. Le palais est inscrit au Patrimoine mondial de l'Unesco. A la **cathédrale Sv Duje** (ouverte lun-sam 7h-12h et 16h-19h, dim 11h-12h), le haut campanile, ajouté au XIIIe, est un des symboles de la ville.

Excursions au départ de Split

L'excursion traditionnelle d'une demi-journée visite la ville romaine jadis prospère de **Salone** (Salona), à environ 5 km. C'était la ville natale de Dioclétien ; très attaché à ce lieu, il se fit construire un palais dans la ville voisine de Split. Les attaques slaves du VIIe siècle eurent raison de Salone, dont les habitants s'enfuirent pour trouver refuge au palais de Dioclétien, assurant ainsi sa survie et l'ambiance animée qui règne aujourd'hui encore entre ses murs de pierre. Les nombreux vestiges qui parsèment le paysage de Salone permettent de retracer la forme d'origine de la ville et de ses divers édifices, tels que l'amphithéâtre qui, à son apogée, pouvait accueillir jusqu'à 18 000 spectateurs.

Dubrovnik

L'écrivain irlandais George Bernard Shaw décrivit **Dubrovnik** comme *« le paradis sur terre »*. Tout visiteur qui passe par cette splendide ville fortifiée du XIIe siècle ne peut qu'approuver. La vieille ville, presque entièrement restaurée après les bombardements dévastateurs de la guerre d'Indépendance de 1991, regorge de merveilles architecturales. Ses remparts offrent une vue fabuleuse sur la côte adriatique. D'autres splendeurs s'égrènent le long du littoral : charmants paysages de campagne, vues superbes sur la mer et beaux villages traditionnels.

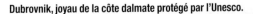

Dubrovnik, joyau de la côte dalmate protégé par l'Unesco.

Dubrovnik est une escale populaire des croisières en Méditerranée. Les bateaux s'y arrêtent pour une journée et y passent parfois même la soirée afin de donner à leurs passagers tout le temps de découvrir la ville. Si quelques-uns transbordent leurs passagers dans le vieux port au cœur de la vieille ville, la plupart accoste au quai principal, à l'extrémité de la marina, et fournissent une navette en bus vers **Vrata Pile**, la porte principale de la vieille ville, à 10 minutes de là. Si vous avez des fourmis dans les jambes, allez au centre à pied ; la balade est pittoresque, mais assez pentue.

A droite en s'éloignant du quai, un joli port accueille des bateaux colorés, certains proposant de déjeuner ou dîner en mer. Plus loin, se tient un grand marché quotidien de fleurs et de légumes.

A la terrasse d'un café de Dubrovnik.

En descendant du bus à la place Pile, prenez le temps de flâner jusqu'à la balustrace du front de mer pour admirer la vue magnifique sur le port avant de descendre les rampes qui aboutissent à la vieille ville.

Juste derrière la porte Pile, se dresse l'imposante **Onofrijeva česma** (fontaine d'Onofrio). Un des monuments les plus célèbres de Dubrovnik, elle fut érigée vers 1430. Elle faisait partie d'un impressionnant système d'aqueducs et de canaux qui alimentait la ville en eau à partir d'un puits situé à 12 km. Droit devant, s'ouvre Placa Stradun. A gauche, le **Franjevački samostan** (Monastère franciscain ; ouvert tlj 9h-18h) date du XIVe siècle. Visitez-le pour son

cloître exquis, un des rares édifices à avoir survécu au séisme de 1667 qui ravagea Dubrovnik. Le reste du monastère s'écroula et dut être reconstruit. Parmi les autres éléments intéressants de ce monument, figurent une *Pietà* de 1498 et la plus ancienne pharmacie du monde, fondée en 1391.

Au bout opposé de la place, se dresse le seul autre bâtiment à avoir survécu au tremblement de terre de 1667 : le magnifique **Palača Sponza** (palais Sponza ; ouvert tlj 7h-14h), qui se distingue par son portique courbe et ses fenêtres gothiques. Il abrite aujourd'hui les archives nationales de Dubrovnik, un petit musée de la Marine et une galerie d'art. Juste derrière, une arcade de pierre aboutit au vieux port. Mais si vous prenez à droite et traversez Puljana Luza, vous atteindrez **Sv Vlaha** (Saint-Blaise), une église baroque du XVIIIe siècle dédiée au saint patron de la ville. Ses reliques sont conservées à la **cathédrale Velike Gospe** (ouverte lun-sam 8h-20h, dim 11h-17h30), située derrière l'église. La cathédrale abrite une incroyable collection de reliquaires médiévaux en or et en argent. A côté de Puljana Luza, une place pavée accueille presque tous les matins un marché d'artisanat. Vous pourrez y acheter de la broderie, de la dentelle, des huiles parfumées et des produits à base de lavande.

Tournez à gauche et poursuivez au-delà du palais Sponza. Vous arriverez au **Dominikanski samostan** (Monastère dominicain ; ouvert tlj 9h-18h), qui expose une collection d'art et d'objets religieux des XIVe et XVe siècles. Il abrite aussi un cloître charmant.

S'il s'agit de votre première visite à Dubrovnik, prenez le temps de flâner sur les **remparts**, d'où vous profiterez d'une vue panoramique sur la vieille ville. L'entrée se trouve dans la porte Pile, ce qui vous permet d'y commencer ou d'y terminer votre visite. Et si toutes ces beautés vous ont ouvert l'appétit, vous trouverez matière à vous sustenter dans les restaurants nichés dans les ruelles de la ville, ainsi qu'aux terrasses des cafés (plus exclusifs) des artères principales.

Les excursions autour de Dubrovnik suivent généralement la splendide côte en route vers la station balnéaire de **Cavatt**, avec parfois une pause dans un village pour une séance de dégustation de vin.

Hvar

⚓ Seuls les petits bateaux de croisière font escale à **Hvar**, la ville principale de l'île du même nom. Certains ne s'y arrê-

Les toits et les clochers de Hvar au soleil couchant.

tent pas plus de quatre heures, le temps de faire le tour de l'île ou de visiter la ville, aussi profitez-en au maximum. Car la cité médiévale, interdite à la circulation automobile, est à la fois charmante et paisible.

Les passagers sont transbordés jusqu'au port de Hvar, jalonné de boutiques, de cafés et d'hôtels. Prenez à droite pour atteindre une immense place pavée de marbre, elle aussi bordée de magasins et de bars. Sur la gauche, en plus d'autres bou-

En croisière « Fish Picnic » au large de Hvar.

tiques et cafés, vous trouverez des agences de voyages proposant des visites de caves vinicoles, des tours de l'île et des croisières « Fish Picnic » à des prix abordables. En été, un taxi de mer relie le port aux plages principales de l'île, et des bateaux sont disponibles à la location pour partir à la pêche.

La ville de Hvar fut une base navale vénitienne du XIIe au XVIIIe siècle. Vestiges vénitiens, les rues piétonnières au pavage de marbre luisent comme si elles étaient remplies d'eau ; une forteresse bien conservée surplombe le port ; et **Trg Sv Stjepana**, une crique qui fut comblée par les habitants au XVIe siècle, est la place principale de la ville et la plus grande de Dalmatie. En son centre, trône un puits ouvragé de 1520. A ses côtés, se dresse la **cathédrale Sv Stjepana** (Saint-Etienne), avec son campanile vénitien.

Au-dessus de la place, au pied des remparts du XIIIe, se trouvent les vestiges des palais gothiques grandioses où vivait jadis l'aristocratie de Hvar.

Les ruelles étroites de la ville, dépourvues de nom, sont agréables à parcourir. Egalement digne d'intérêt, l'immense **arsenal**, dont les vastes arcades abritent aujourd'hui des boutiques, fut construit en 1611 pour réparer et équiper les navires de guerre. A son extrémité nord, dans le secteur qui servait jadis de garde-manger, un théâtre fut fondé en 1612, avec une fosse pour les roturiers et des loges pour les nobles.

Le littoral de l'île, très boisée, déroule une végétation luxuriante typiquement méditerranéenne et des champs de lavande sauvage (qui a fait la renommée de l'île). La côte est ponctuée de monuments historiques et de villages anciens comme **Starigrad**, du IIe siècle av. J.-C., qui surplombe une baie magnifique. Son monastère dominicain abrite une collection inestimable de tableaux et de manuscrits.

Si vous préférez vous détendre à la plage, un bateau part du port de Hvar jusqu'aux **îlots de Pakleni** – le plus joli étant probablement le plus proche, **Jerolim**. Vous pouvez également rejoindre à pied plusieurs petites criques de galets en longeant la côte vers l'est.

Korčula

L'île de Korčula, longue et étroite, se situe dans le prolongement de la presqu'île de Pelješac. La charmante ville de

---

La moreška

La moreška, une danse traditionnelle croate, vit le jour à Korčula au XVe siècle. Symbole de l'affrontement entre le bien et le mal, elle représente le combat épique du roi blanc et du roi noir, qui luttent pour l'amour d'une belle jeune fille. En haute saison, des représentations sont données (le lundi et le jeudi) dans un petit théâtre en plein air de Korčula. La plus importante moreška de l'année a lieu le 27 juillet, jour de la Saint-Théodore.

La côte dalmate est une des plus belles de la Méditerranée.

Korčula est la principale attraction de l'île, avec ses flèches et ses maisons aux toits de tuiles oranges. Le plan de la ville, logique, facilite la visite : la rue principale traverse le cœur de la vieille ville, et le boulevard du front de mer suit le pourtour de la péninsule. Seuls les petits bateaux de croisière font escale à Korčula, accostant en plein centre-ville.

Le monument le plus frappant de la ville est la **cathédrale Sv Marka** (Saint-Marc), une basilique imposante à trois nefs abritant une *Annonciation* du Tintoret, qui étudia à Korčula. Le **musée de la ville** (ouvert lun-sam 9h-13h et 17h-19h en haute saison ; 9h-13h basse saison), installé dans un palais grandiose du XVIᵉ siècle, comporte une petite galerie d'art et des expositions sur l'histoire maritime. Il y a plusieurs plages autour de la ville, dont deux près de l'hôtel Marco Polo, ainsi que de nombreuses autres, moins fréquentées, près de la ville de **Lumbarda**, au sud, et à **Blato**, un village agréable plus à l'ouest.

La Grèce

Climat : Athènes connaît des hivers courts et froids et de longs étés chauds et secs. Les différences sont importantes entre les îles, les îles Ioniennes étant plus fraîches et humides que la Crète ou Rhodes. Au début et à la fin de l'été, prenez un pull et un imperméable.

Décalage horaire : GMT+2.

Horaires : les heures d'ouverture varient selon le type de magasin et le jour de la semaine. Tout est ouvert du lundi au vendredi de 10h à 13h. De nombreux commerces ferment pour le déjeuner et rouvrent en fin d'après-midi. A Athènes, les horaires d'ouverture sont calés sur ceux de l'Union européenne ; les magasins (hors alimentation) sont ouverts les lundis et mercredis de 9h à 17h, les mardis, jeudis et vendredis de 10h à 19h, et le samedi de 8h30 à 15h30.

Shopping : céramiques aux couleurs vives, sandales et sacs en cuir, bijoux en argent, éponges, herbes aromatiques et huile d'olive.

Argent : l'unité monétaire est l'euro (€).

Jours fériés : 1er et 6 janvier ; veille de Mardi gras (48 jours avant Pâques) ; 25 mars ; Vendredi saint et Pâques grecque orthodoxe ; lundi de Pentecôte (50 jours après Pâques) ; 1er mai ; 15 août ; 28 octobre ; 25 et 26 décembre.

Etiquette : le naturisme est uniquement autorisé sur certaines plages et les contrevenants risquent la prison.

Pourboires : les notes de la plupart des restaurants et tavernes comprennent un pourcentage pour le service de 15% ; les serveurs n'espèrent donc pas de pourboire, mais il est habituel d'arrondir la somme en laissant sa petite monnaie sur la table.

Sécurité : le taux de criminalité étant peu élevé sur les îles, les délits mineurs sont souvent l'œuvre d'autres touristes. Sur certaines îles, la police touristique vient en aide aux visiteurs en difficulté; les agents parlent généralement anglais.

Numéros d'urgences : ambulance 166 ; police 100 ; police touristique (Athènes) 171.

La sublime Santorin, dans les Cyclades.

LA GRECE

Il n'est guère surprenant qu'avec plus de 50 îles habitées, la **Grèce** ait une longue histoire maritime. La beauté et la proximité de nombreuses îles Grecques en font des destinations naturelles pour les croisières, car naviguer entre des îles est plus agréable qu'avoir la mer pour seul horizon. Toutes s'éparpillent dans la mer Egée, sauf les îles Ioniennes, situées à l'ouest de la Grèce, dans la mer éponyme. Là, Corfou et Zante sont les préférées des croisiéristes. Le plus grand groupe d'îles, les Cyclades, à l'est du Péloponnèse, se distingue par ses maisons blanches et ses plages fabuleuses, ainsi que ses sites archéologiques, comme le sanctuaire d'Apollon sur Délos. L'époustouflante Santorin attire les paquebots grâce à son extraordinaire baie volcanique. Rhodes et Kos sont les plus prisées du Dodécanèse. Enfin, Athènes (Le Pirée) et les ports du Péloponnèse figurent sur l'itinéraire de la plupart des croisières en Méditerranée orientale.

La Grèce continentale a toutes les richesses pour combler le visiteur, des sites historiques à la vie nocturne d'Athènes, en passant par les temples et trésors de Delphes et Epidaure, et les merveilles archéologiques du Péloponnèse.

Le Pirée

Pour Athènes, l'accueil des Jeux olympiques d'été 2004 s'est traduit par un grand nettoyage, la plantation d'arbres, la création de jardins, la construction de nouveaux bâtiments et une campagne de restauration tous azimuts. L'aménagement de nouvelles lignes de tramway n'a pas résolu les embouteillages ni la pollution, mais Athènes reste une métropole fascinante, qui attire et ensorcelle depuis des siècles.

⚓ **Le Pirée** (Pireas), le port d'Athènes, sert de départ à de nombreuses croisières. Tous les paquebots, en escale ou au port d'attache, accostent au même quai.

Le Parthénon, chef-d'œuvre de Phidias.

En arrivant en bateau, vous apercevrez l'imposant temple de Poséidon perché sur le cap Sounion. Mais à l'approche du Pirée, c'est le trafic maritime qui attirera votre regard. C'est en effet un des ports les plus actifs de la Méditerranée, avec plus de 12 millions de passagers de ferry et de croisière par an. Les bateaux vont et viennent continuellement.

L'odéon d'Hérode-Atticus.

De nombreux taxis attendent les passagers à la sortie du bateau. Cependant, la circulation au Pirée et à Athènes est toujours difficile. Plutôt que de perdre au moins 30 minutes dans les embouteillages, parcourez les 10 km jusqu'au centre d'Athènes en métro, qui dessert les sites principaux. Comme la station (sur Akti Miaouli) est assez loin du port, les paquebots fournissent souvent une navette, gratuite ou presque. Une seule ligne de métro part du Pirée, aussi est-il impossible de se tromper. En ville, les principales stations sont Omonia (une des deux plus grandes places d'Athènes), Thisio (pour l'Acropole) et Monastiraki (pour Plaka). Le Pirée possède deux bons musées (archéologique et maritime) et quelques cafés et restaurants, mais il n'y a aucune raison de s'y attarder quand Athènes, le cap Sounion et le canal de Corinthe se trouvent si près.

Athènes

L'**Acropole** (ouverte lun-ven 8h-16h30, sam-dim 8h30-14h30) est bien sûr l'attraction principale de la capitale, avec le **Parthénon** (IVᵉ siècle av. J.-C.), dédié à la déesse Athéna, l'odéon d'Hérode-Atticus et le théâtre de Dionysos. Jadis paralysée par la circulation, la route de Dionysiou Areopagitou, qui fait le tour de l'Acropole, est aujourd'hui piétonnière. Dominée par le Parthénon, elle est rapidement devenue un lieu privilégié pour la *volta*, ou promenade du soir.

Autre site historique des environs, la **porte d'Hadrien** (IIe siècle) marquait jadis la limite entre la ville grecque classique et la ville romaine. Non loin, se dressent les imposantes colonnes de l'**Olympiéion**, dédié à Zeus. Dans la direction opposée, au nord de l'Acropole, la **tour des Vents** est un ouvrage romain en marbre admirablement conservé.

L'Olympiéion se trouve à la pointe sud du **Jardin national**. A l'autre bout, sur **Platia Syntagma** (place de la Constitution), se trouvent le tombeau du Soldat inconnu et l'ancien palais royal, aujourd'hui le bâtiment principal du Parlement. Il est gardé par des soldats dont le costume et la marche traditionnels fascinent les visiteurs. Au bas de la place Syntagma, l'Office national hellénique du tourisme est au 26 de l'avenue Amalias.

Athènes vue du mont Lycabette.

Athènes se découvre quartier par quartier. Le centre est trop vaste (et trop bondé) pour se visiter sans moyen de transport entre les sites principaux. Le nouveau tramway longe la mer de Faliro à Glyfada, avec un embranchement pour le centre-ville à Syntagma. Les bus sont bon marché, mais bondés, et il est parfois difficile de comprendre les itinéraires. Les trois lignes de métro, rapides et pratiques, s'avèrent la meilleure solution pour vos déplacements ; il y a une station à proximité des sites importants.

Masque d'or d'Agamemnon, au Musée archéologique national.

Ni particulièrement intéressante ni vraiment jolie, **Platia Omonias** (place Omonia, accessible directement en métro depuis le Pirée) est un bon point de repère à la lisière du principal quartier commerçant de la ville et près du **Musée archéologique national** (ouvert lun 12h30-19h, mar-ven 8h-19h, sam-dim 8h30-15h), dont la collection retrace l'art de la Grèce antique.

Si vous arrivez en métro à la place Omonia, reprenez-le jusqu'à **Monastiraki**. En poursuivant à pied le long d'Ermou, une agréable rue piétonnière, vous atteindrez la place Syntagma en 10 à 15 minutes et vous serez à peu près à équidistance de Plaka et de l'Acropole.

Depuis Syntagma, la rue Vasilisis Sofias dessert trois excellents musées : le **musée Goulandris d'Art cycladique** (ouvert mar-jeu et sam-dim 9h-14h), renommé pour sa collection d'idoles des Cyclades ; le **musée Bénaki** (ouvert mar-dim 8h30-15h), avec ses deux icônes attribuées au Greco ; et le **Musée byzantin** (ouvert mar-dim 8h30-15h), qui abrite ses trésors dans une demeure de style florentin.

En plus d'Athènes, les compagnies maritimes proposent des excursions vers le canal de Corinthe, Mycènes et Epidaure *(voir p. 166)*.

Itéa (Delphes)

Bâtie sur le golfe de Corinthe et entourée d'oliveraies, **Itéa** est un petit port agréable qui sert de point d'accès à Delphes, le site antique le plus célèbre et le plus magique de Grèce.

Les bateaux de croisière jettent l'ancre au large ou accostent à la jetée près du centre-ville. La ville moderne présente peu d'intérêt, car Delphes vole la vedette. Si vous ne souhaitez pas visiter le site, vous trouverez de jolies tavernes sur le front de mer et quelques plages propices à la baignade.

Delphes (ouvert lun-ven 7h30-18h30, sam-dim 8h30-15h), à environ 20 minutes en bus ou en taxi, s'étend sur les versants escarpés du **mont Parnasse**, dominant les oliveraies qui descendent jusqu'à la côte. Si vous n'avez pas de guide, commencez par visiter le **musée** (ouvert tlj 9h-15h), qui donne un bon aperçu de l'histoire turbulente de la région.

Le sanctuaire d'Athéna, à Delphes.

Les Grecs de l'Antiquité vénéraient Delphes pour son sanctuaire à Apollon et pour l'oracle de la Pythie, le plus prestigieux d'alors. Les pèlerins affluaient de tout le monde antique pour lui demander conseil et entendre ses prédictions. En outre, tous les quatre ans, la ville accueillait également les Jeux pythiques, qui comprenaient des concours de musique, de littérature et d'athlétisme.

Le Péloponnèse

Le **Péloponnèse** tient son nom du héros mythique Pélops et du mot grec *nisos*, qui signifie « île » (même s'il est rarement considéré comme une île). La région possède une incroyable diversité de sites classiques, médiévaux ou postérieurs.

Katakolo (Olympie)

Le petit port ionien de **Katakolo**, sur la partie principale du Péloponnèse, sert surtout de point de départ à la visite d'Olympie, le sanctuaire de Zeus et site des premiers Jeux olympiques (776 av. J.-C.). C'est là que la flamme olympique est allumée. Les Jeux se déroulaient tous les quatre ans à la pleine lune d'août ou de septembre après la récolte et attiraient des milliers de spectateurs de tout le monde antique.

Comme il n'y a pas grand-chose à voir à Katakolo, presque tous les visiteurs se rendent directement à **Olympie**, à 48 km à l'intérieur des terres. Vous y trouverez cependant quelques bars et tavernes, ainsi que des magasins vendant des objets liés à l'olympisme, des souvenirs, des statues, des articles en cuir et des bijoux.

Pour la visite d'Olympie, joignez-vous à une excursion de groupe plutôt que d'y aller en taxi. Le site, au cœur d'une forêt de pins et de chênes, fait toujours l'objet de fouilles ; il fut découvert en 1766 sous plusieurs mètres de boue. Menacé par les feux de forêt de 1998, il a survécu au désastre.

Aujourd'hui, vous y verrez les Thermes romains, l'imposant gymnase où s'entraînaient les athlètes, le **stade** (ouvert tlj 8h-19h), les temples de Zeus et de son épouse Héra, une piscine romaine, des fontaines romaines et l'atelier de Phidias, le sculpteur qui créa la statue de Zeus en or et en ivoire jadis visible dans le temple du roi des dieux ; c'était une des Sept Merveilles du monde antique.

Les statues en bronze, en marbre et en terre cuite du **Musée archéologique** (ouvert lun 12h-19h, mar-dim 8h-

19h) sont remarquables, de même que les objets associés aux jeux antiques, dont des poids et des disques. Sur le même thème, le **musée des Jeux olympiques** (ouvert lun 12h-19h, mar-dim 8h-19h) est à 15 minutes à pied du site antique.

Gythion (Mystra)

Le port antique de **Gythion** (Gythios), sur la côte sud du Péloponnèse, fut fondé par les Phéniciens vers 400 av. J.-C. Aux siècles suivants, il servit de port à Sparte, 50 km plus au nord. Aujourd'hui, c'est une station balnéaire agréable, porte d'entrée à l'austère péninsule du Magne. La plupart des passagers qui font escale à Gythion visitent Sparte et Mystra.

Toits de tuiles du Péloponnèse.

Les sites les plus intéressants de Gythion sont le **Théâtre romain** (ouvert toute l'année) et le **Musée d'histoire** (ouvert mar-dim 8h30-15h), sur l'îlot de Marathonisi (l'antique Kranae), relié au continent par une chaussée. Selon la légende, c'est là que Pâris et Hélène passèrent leur première nuit ensemble, provoquant ainsi la guerre de Troie. Le quai est bordé de maisons au toit de tuiles et de tavernes de poisson onéreuses. De l'autre côté du golfe de Laconie, le soleil se lève sur le **cap Maléas**, et le mont Taygetos est visible au nord. Des plages accessibles de la ville, la meilleure est à **Mavrovouni**.

Mystra, à 6 km à l'ouest vers l'intérieur des terres, était une ville de 20 000 habitants à l'époque byzantine. Elle demeure remarquablement préservée. Accrochée aux flancs d'un pic conique, avec des remparts en ruines et un château à son sommet, elle exhale une ambiance romantique.

Il n'y a pas grand-chose à voir à **Sparte** : les vestiges de la ville antique, rivale d'Athènes pendant la période classique, sont peu nombreux. Cependant, le petit **Musée archéologique** (ouvert mar-dim 9h-17h) est excellent.

Nauplie (Nafplion)

Nauplie fut la première capitale de la Grèce après la guerre d'indépendance contre l'Empire ottoman (1821-28). Aujourd'hui, cette ville attrayante sert de base aux excursions d'une journée vers Epidaure *(voir p. 166)*, Mycènes et Corinthe.

Les passagers sont transbordés dans le port animé, proche du centre-ville. La ville se distingue par des parcs ombragés, des ruelles en escalier entre les larges avenues et un grand nombre de petites églises et de musées. Le premier Parlement grec se réunissait à la **mosquée**, à côté de Platia Syntagma (place de la Constitution). Les élégants édifices municipaux de style néoclassique sont remarquables.

Les meilleurs magasins se trouvent sur Staïkopoulou, juste au-dessus de la place Syntagma, et dans la rue parallèle, Vasilisis Konstantinou. Les bijoux, les icônes, les objets antiques, les marionnettes de théâtre d'ombres, les chapelets, le miel et le vin grecs constituent de bons souvenirs.

Nauplie est dominée par deux forteresses perchées et par un fort trapu sur une île du port ; la visite prend facilement une journée entière. La forteresse d'**Akronavplia** fut commencée à la période byzantine pour s'achever à la fin du XVIIe siècle, à l'époque de la construction de la citadelle vénitienne de **Palamède**. Il y aurait 999 marches à gravir jusqu'au sommet, mais un taxi peut vous conduire aux deux. La

La production et le commerce des raisins de Corinthe, séchés au soleil, est une longue tradition de la ville et un des principaux produits d'exportation du pays.

vue du sommet est à couper le souffle, avec la ville qui s'étale à vos pieds et le petit **fort Bourdzi** (XVᵉ siècle), planté sur son île dans le port. Pour 2 €, un petit bateau à moteur vous conduira au château.

Excursions au départ de Nauplie

Destination principale des excursions au départ de Nauplie, le magnifique amphithéâtre d'**Epidaure** (IVᵉ siècle av. J.-C.) est à 27 km à l'est. Les guides s'amusent à démontrer l'acoustique parfaite de ce théâtre de 14 000 places en jetant une pièce ou en chantant alors que le groupe est assis tout en haut. Curieusement, cette vaste structure fut seulement découverte et fouillée au XIXᵉ siècle. Construit en calcaire blanc sur un fond de collines, l'amphithéâtre comptait 54 rangées. Il accueillait des pièces lors du festival quadriennal qui suivait les Jeux isthmiens. Le site comporte également un musée et les vestiges du sanctuaire d'Asclépios, dieu grec de la Médecine. La fonction de chaque édifice est connue et clairement indiquée.

Non loin, visitez les fouilles de **Mycènes**, un site de 1250 av. J.-C. **Corinthe** a aussi fait l'objet de fouilles, notamment son temple d'Apollon du VIᵉ siècle av. J.-C.

Thessalonique

⚓ **Thessalonique** (Thessalonique, parfois appelée Salonique en Occident) est la capitale de la province antique de Macédoine et la deuxième ville de Grèce. C'est une cité sophistiquée à la personnalité affirmée, dotée d'excellents restaurants, de ruines romaines et de fabuleuses églises byzantines. Fondée en 316 av. J.-C. par Philippe II de Macédoine, le père d'Alexandre le Grand, Thessalonique fut intégrée à l'Empire romain en 168 av. J.-C. Elle est une escale des croisières en mer Egée, en Grèce et en Turquie, et en mer Noire. Le port est à 200 m seulement du centre-ville.

La **tour Blanche** du XVe siècle est le symbole de la ville. Lieux privilégiés pour mieux connaître l'histoire mouvementée de la ville, le **musée de la Culture byzantine** et le **musée d'Archéologie** (ouverts tlj) se trouvent tous deux au nord de la tour, en face du centre des expositions.

Après le déjeuner, vous pourrez visiter l'étonnante **Roton-de Agios Georgios** (IIIe siècle), au sommet du Gounari. Ce mausolée romain fut transformé en église par Constantin le Grand, le premier empereur romain chrétien. Peut-être préfèrerez-vous prendre un taxi jusqu'à **Kastra**, le quartier turc à l'ambiance unique. C'est la seule partie XIXe de la ville à avoir résisté au séisme et à l'incendie dévastateurs de 1917.

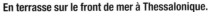

En terrasse sur le front de mer à Thessalonique.

LES ILES GRECQUES

Le poète grec Odysseus Elytis écrivit naguère que « *la Grèce repose sur la mer* ». Environ 25 000 km² des mers Egée et Ionienne sont effectivement occupés par des îles. Phénomène typiquement grec, leur nombre a toujours été le sujet de débats passionnés. Pour les uns, il y a 3 000 îles, dont 167 sont habitées. Mais pour d'autres, il n'y en aurait que 1 000, dont moins de 60 habitées. Elles sont ici classées par groupes.

Les îles Ioniennes

Les Ioniennes, les plus verdoyantes des îles grecques, offrent des plages superbes, une nature d'une grande beauté et une identité culturelle distincte, avec une architecture locale influencée par l'élégance vénitienne.

Corfou (Kerkyra)

⚓ **Corfou**, une des plus grandes îles grecques, est une destination de vacances prisée pour son climat ensoleillé, ses plages de sable et sa douceur de vivre. Les passagers de croisière débarquent près de **Kerkyra**. La vieille ville, avec ses rues et ruelles pavées, ses édifices historiques, ses statues et ses fontaines, est la plus grande ville médiévale préservée de Grèce qui soit encore entièrement habitée et fonctionnelle. Les Vénitiens, les Français et les Anglais ont chacun laissé leur empreinte sur l'architecture. La forteresse vénitienne qui surgit au bord de la route côtière est classée au Patrimoine mondial de l'Unesco. Au-delà, l'île est sillonnée de belles routes à travers les pinèdes et ponctuée de nombreuses stations balnéaires et de petits villages intérieurs qui semblent avoir échappé à l'emprise du temps.

Quelques paquebots de croisière y ont leur port d'attache (l'aéroport n'est qu'à quelques kilomètres du port de Kerkyra), si bien que les armateurs proposent d'associer une croi-

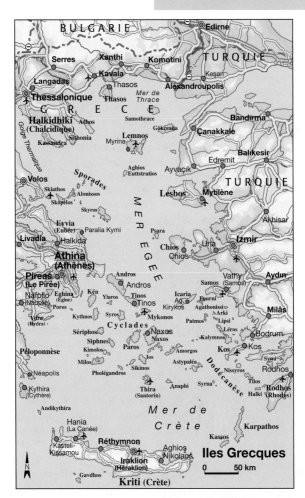

BULGARIE   Edirne

Serres   Xanthi   Komotini   TURQUIE

Kavala   Kesan

Langadas   Thasos   Alexandroupolis

Thessalonique   Thasos   *Mer de Thrace*

G R E C E

Halkidhiki   Athos   Samothrace   Gökceada   Bandirma

(Chalcidique)   Sithonia   Lemnos   Canakkale

Kassandra   Myrina   Balikesir

Golfe Thermaïque   Edremit

Aghios   Ayvacik

Volos   *Sporades*   Euttstratios   TURQUIE

Skiathos   Alonissos   Lesbos   Mytilène

Skópelos

Skyros   Akhisar

Evvia   Psara

(Eubée)   Paralia Kymi

Livadia   Halkida   M E R   E G E E   Chios   Urla   Izmir

Chios

Athina

(Athènes)

Pireas   Andros   Samos   Vathy   Aydin

(Le Pirée)   Andros   (Samos)

Náfplio   Eghina   Kéa   Yiaros   Tinos   Icaria   Milâs

(Nauplie)   (Egine)   Tinos   Ag.   Fourni

Poros   Syros   Kirykos   Agathonissi   Arki

Ydra   Kythnos   Mykonos   Patmos   Lipsi   Bodrum

(Hydra)   Syros   C y c l a d e s   Léros

Sériphos   Naxos   Kalymnos

Siphnes   Naxos   Kos   Kos

Péloponnèse   Paros   Amorgos   Symi

Kimolos   Ios   Astypaléa   Rodhos

Néapolis   Milos   Sikinos   Nissyros   Rodhos

Pholégandros   Anaphi   Syrna   Tilos   (Rhodes)

Kythira   Thira   Halki

(Cythère)   (Santorin)

Andikythira   *Mer de Crète*   Karpathos

Hania   Kassos

(La Canée)   Aghios   **Iles Grecques**

Kasteli-   Réthymnon   Nikolaos

Kissamou   Iraklion   0   50 km

(Héraklion)

Gavdhos

N

Kriti (Crète)

sière avec un séjour sur l'île. Mais Kerkyra reste surtout un port d'escale où les bateaux passent une journée entière.

Le port de commerce où vous débarquez n'offre guère d'intérêt. Comptez 5 à 10 minutes à pied pour rallier l'entrée du terminal, où vous trouverez un guichet pour les ferries (ils desservent Igoumenitsa, sur le continent), des cabines téléphoniques et un petit bureau de change. Les bateaux mettent à disposition une navette gratuite (ou bon marché) à destination de la vieille ville ; elle passe devant un marché, contourne la ville et vous dépose de l'autre côté du parc, en face des arcades du Liston. Si vous préférez marcher, la route côtière s'avère plus rapide (1 km, soit 15 minutes à pied depuis l'entrée du port). Le trajet étant assez monotone, mieux vaut prendre la navette et commencer votre balade directement en ville.

Une rue typique de Kerkyra.

Dans la vieille ville, après les portes vénitiennes, a lieu un marché aux poissons, de mode et d'alimentation. Sinon, la principale zone commerçante s'étend derrière le Liston et l'Esplanade. Les objets en bois d'olivier (saladiers, planches à pain ou statues) font d'excellents souvenirs. La maroquinerie, les fourrures, les bijoux et la céramique méritent également le coup d'œil. Certains magasins ferment l'après-midi, mais la plupart restent ouverts toute la journée.

La vieille ville de Kerkyra, compacte, se parcourt aisément à pied, même si vous prenez un taxi (là où les bateaux accostent) ou la navette pour l'aller-retour. Les rues sont trop étroites et la circulation trop dense pour considérer tout autre moyen de transport. Attention toutefois aux nids-de-poule et à la circulation : lorsqu'il y a un trottoir, les automobilistes locaux n'hésitent pas à s'en servir pour se faufiler dans les embouteillages !

Une élégante Corfiote.

Le nom des rues et les panneaux sont écrits en grec avec une transcription en alphabet romain, mais ils peuvent différer légèrement du grec ou de la transcription utilisée sur les cartes fournies par le bateau ou l'office de tourisme local. En général, les cartes ne sont pas très fiables et vous risquez de vous perdre si vous les suivez à la lettre. Les Corfiotes feront de leur mieux pour vous indiquer le chemin.

Kerkyra possède plusieurs sites à voir : l'**église Aghios Spyridon** (XVIe siècle), dont le beffroi à coupole rouge pointe derrière le Liston ; et le **palais St Michael et St George** (XIXe siècle), de l'autre côté de l'Esplanade. Son aile orientale abrite le musée des Arts asiatiques (ouvert mar-dim 8h30-15h), une des plus importantes collections privées de ce genre au monde. A l'arrière, la **Galerie d'art municipale** (ouverte tlj 9h-17h) se tient au cœur de charmants jardins.

Le **Musée archéologique** (rue Vraíla ; ouvert mar-dim 8h30-15h) expose des vestiges romains mis au jour lors de fouilles effectuées localement.

Pour faire une pause, choisissez un des cafés sous les arcades du **Liston**, dessiné par les Français sur le modèle de la rue de Rivoli. L'Esplanade, la plus grande place de Grèce, domine le parc devant le vieux fort. D'autres cafés en ville sont meilleurs, mais ceux-là offrent une vue sans pareille.

A Corfou, vous pouvez aussi faire une promenade en calèche, passer une demi-journée à la plage ou visiter le **palais d'Achilléion** (XIXᵉ siècle) dans le village de Gastouri.

Zante (Zakynthos)

Une des principales îles Ioniennes, **Zante** est connue pour ses sources naturelles et ses fleurs sauvages, qui contrastent avec les paysages plus arides

Une icône du musée de Zante.

des autres îles. Ses plages magnifiques, ses hautes falaises et ses rives parfumées de fleurs sauvages ont inspiré de nombreux écrivains et poètes, depuis Homère jusqu'à Byron en passant par Dionysios Solomos, auteur de l'hymne national grec.

Zante-ville, premier port de l'île, est un cliché grec avec des maisons d'un blanc éblouissant, des voiliers, des bateaux de pêche et des tavernes. Après le séisme de 1953, la ville a été fidèlement reconstruite, mais les édifices anciens y sont rares. La plupart des bateaux de croisière transbordent leurs passagers à terre.

La ville s'articule autour de Platia Solomou, où se trouve le **musée d'Art post-byzantin** (ouvert mar-dim 8h30-14h30). A proximité, le **musée de Dionysios Solomos** (ouvert tlj 9h-14h) est dédié à la vie et à l'œuvre du père de la littérature grecque moderne, ainsi qu'à d'autres personnages locaux. Vous y verrez des portraits, des vêtements, des meubles, des icônes et des manuscrits. En ville, achetez du vin local, du miel, des bijoux, du cuir et de la poterie.

La plage de Navágio, uniquement accessible en bateau.

Pour découvrir la nature de Zante, louez un vélo ou un scooter, prenez le bus ou, mieux encore, allez à pied jusqu'aux superbes plages locales et aux jolis villages de l'intérieur. La plage de **Navágio** (plage des Contrebandiers, uniquement accessible en bateau) s'étend au pied d'une falaise vertigineuse ; l'épave d'un bateau naufragé émerge du sable. C'est un des sites les plus photographiés de l'île.

Céphalonie (Kefallonia)

Céphalonie, la plus grande des îles Ioniennes, compte quelque 30 000 habitants répartis entre les villes et les stations balnéaires, tandis que les montagnes de l'intérieur sont quasiment inhabitées. Au sud de Céphalonie, le mont Enos (1 628 m), sommet de l'île, est recouvert de pins.

De belles plages de sable se déroulent près du port d'**Argostoli**, sur la côte ouest, ainsi que sur la côte sud. Les principales villes ont dû être reconstruites à la suite du tremblement de terre qui frappa la région en 1953. Ainsi, malgré leur cadre agréable, Sami et Argostoli ont moins de cachet que les villes mieux préservées d'autres îles grecques. Mais Céphalonie, nettement moins touristique que d'autres ports grecs, permet de se faire une idée de la vie dans une communauté insulaire grecque authentique.

Les paquebots font escale au port de **Sami**, sur la côte est de l'île. La ville occupe une jolie anse dominée par des collines boisées abruptes, en face de l'île d'Ithaque (Ithaki), à 2 km au large. Pour en profiter, montez sur le pont lorsque le navire approche du port. Certains bateaux s'amarrent à quai, tandis que les plus gros jettent l'ancre au large et transbordent leurs passagers à terre. Quoi qu'il en soit, vous débarquez au cœur de la ville (comme dans la plupart des ports de Grèce), sans avoir à traverser un grand terminal.

Il n'y a pas grand-chose à voir à Sami, bien qu'il soit agréable de prendre un verre dans une des tavernes du port et de chiner dans les magasins d'artisanat, de céramique et de

---

La mandoline du capitaine Corelli

Ce roman de l'écrivain britannique Louis de Bernières se passe à Céphalonie pendant la Seconde Guerre mondiale. Publié en 1994, il est devenu un *best-seller* grâce au bouche-à-oreille. C'est l'histoire d'Antonio Corelli, un capitaine italien de l'armée d'occupation qui joue de la mandoline, et de Pelagia, la fille du médecin local. Leur histoire d'amour se déroule pendant l'invasion allemande de 1943, après la capitulation de l'Italie, lorsque l'armée allemande massacra les troupes italiennes et les insulaires qui leur venaient en aide. Ajoutez quelques résistants communistes grecs et un officier britannique ridicule qui ne parle que le grec ancien, et vous obtenez un roman à succès qui a fait l'objet d'une adaptation cinématographique avec Nicolas Cage et Pénélope Cruz, tournée à Céphalonie : *Capitaine Corelli*.

Sur le lac souterrain de Melissani, à Céphalonie.

souvenirs. Les alentours recèlent deux grottes intéressantes. **Drongarati**, la plus proche et la plus captivante, arbore d'étranges stalactites et stalagmites. Visitez également la grotte de **Mélissani**, sur la route d'Aghia Evfimia ; le soleil pénètre par un trou dans la voûte et vient illuminer un lac souterrain, créant un effet lumineux des plus spectaculaires.

Cythère (Kythira)

A **Cythère**, la plus méridionale des îles Ioniennes, l'émigration a vidé l'île d'une grande partie de sa population, si bien que de nombreux villages sont aujourd'hui quasiment déserts. Les bateaux accostent au nouveau port de **Diakofti**.

La capitale médiévale de l'île, à l'abandon, évoque Mystra. Elle est située près de **Potamos**, le plus grand village de l'île. Les visiteurs se rendent généralement à **Kapsali**, un port charmant construit sur une double baie, tout au sud. Visitez également le beau village médiéval de **Mylopotamos**.

Les Cyclades

Pour nombre de touristes, les **Cyclades** représentent l'essence même de la Grèce. Habitées dès 6000 av. J.-C., les Cyclades développèrent une culture fascinante au IIIe millénaire, avec des beaux-arts, de l'artisanat et un commerce florissant. Vingt-quatre des 56 îles sont habitées. Mykonos et Santorin sont les préférées des compagnies maritimes.

Mykonos

Depuis les années 1960, cette île est réputée pour sa vie nocturne trépidante, ce qui explique pourquoi certains bateaux s'y attardent jusque tard dans la nuit. Les rues sont bordées

Pétros, mascotte de Mykonos.

de boutiques et de restaurants irrésistibles. En dehors de la ville et de quelques belles plages sur la côte sud, l'île n'a pas grand-chose à offrir. Mais Mykonos est idéalement située pour aller visiter l'île voisine de Délos.

A l'approche de **Mykonos-ville**, sur la côte ouest, les maisons blanches cubiques et les moulins à vent (aujourd'hui désaffectés) apparaissent. Les paquebots accostent à Tourlos, à l'est du port, ou jettent l'ancre au large. Une navette en bus, normalement gratuite, emmène les passagers du petit terminal à la lisière de la ville. L'escale dure d'une demi-journée à une journée complète avec départ tard dans la soirée.

Depuis l'arrêt de bus, une petite promenade sur le port conduit à la place principale, **Platia M. Mavrogénous**. Les rues forment un dédale quelque peu déroutant, mais la ville, compacte, est agréable à découvrir à pied, avec ses cafés et restaurants à la mode et ses magasins chic. Il y a aussi des musées, dont le **musée des Arts et Traditions populaires** (ouvert lun-sam 16h-20h, dim 17h-20h) et le **Musée archéologique** (ouvert mar-dim 8h30-15h).

Architecture cycladique traditionnelle, à Mykonos.

Délos

La plupart des armateurs proposent des sorties à Délos, même si elle est facile d'accès par vos propres moyens. Les ferries partent du quai où accostent les navettes. Sachez que, même par beau temps, la traversée de 8 km est agitée. Ses ruines gréco-romaines font de **Délos** un des sites historiques et archéologiques majeurs de Grèce. Lieu de naissance mythique d'Apollon et Artémis, cette île minuscule fut pendant près de mille ans le centre politique et religieux de la mer Egée. Ne manquez pas le **sanctuaire d'Apollon**, avec des temples à Apollon et Artémis, le **sanctuaire de Dionysos**, et l'étonnante **terrasse des Lions**. Les maisons d'artisans, près du port, sont séparées par des ruelles étroites, bordées de canalisations vieilles de 2 000 ans et percées de niches pour abriter les lampes à huile de l'éclairage public. La rue principale conduit au théâtre ; la 43e rangée de gradins, au sommet, offre une vue magnifique.

Santorin (Théra)

Située sur la baie étincelante née de l'éruption cataclysmique du volcan Théra il y a plus de 3 500 ans, **Santorin** fut découverte au XIIIᵉ siècle par les Vénitiens, qui lui donnèrent le nom de leur sainte patronne, Irène. Seuls 7 000 insulaires y vivent, mais plus d'un million de visiteurs s'y rendent chaque année. La plupart arrive en croisière et se dirige vers la capitale, Fira, perchée au sommet d'une falaise de 300 m surplombant la mer. Toutefois, la partie la plus intéressante de l'île se trouve plus au sud, à Akrotiri. Cette cité antique fut détruite par l'éruption et recouverte de lave ; les fouilles ont permis de mettre au jour quelques édifices.

Un moulin à vent de Santorin.

En arrivant dans la baie de Santorin, près de ses falaises vertigineuses, souvenez-vous que vous entrez dans l'immense cratère d'un volcan actif. Sortir de la baie au coucher du soleil est un moment inoubliable. En général, les bateaux font escale à Santorin pour une journée.

Les paquebots jettent l'ancre dans la baie et une navette dépose les passagers au pied de Fira. A peine débarqué, vous aurez le choix entre gravir à dos de mule l'escalier escarpé qui monte jusqu'à la ville – c'était jadis la seule option – ou prendre le téléphérique, le meilleur moyen, même s'il faut faire la queue et que le terminus est plus éloigné du centre-ville que le haut de l'escalier. Le retour au bateau peut se faire à pied ou éventuellement à dos de mule.

Fondée au XVIIIᵉ siècle, **Fira** fut entièrement reconstruite à la suite d'une autre éruption volcanique moins importante, en 1956. Ses maisons, boutiques et églises blanches sont plus jolies de loin que de près.

La route principale est constamment engorgée mais, dans le centre, vous pouvez parcourir les ruelles pavées

A Santorin, une église à dôme bleu domine les flots égéens.

et le petit musée près du terminus du téléphérique. A quelques minutes à pied à droite de l'escalier, et un peu plus loin du téléphérique, un grand centre commercial se dresse sur Gold Street, une rue parallèle au sommet de la falaise. La vue sur la baie en contrebas depuis certains cafés vaut le détour. Fira se visite facilement à pied.

Excursion classique, **Akrotiri** était une ville minoenne fondée vers 2000 av. J.-C. et ensevelie sous plusieurs mètres de cendres lors de l'éruption de 1500 av. J.-C. Minutieusement fouillé depuis 1967, le site révèle aujourd'hui une image fidèle de la vie quotidienne avant l'éruption. Les fouilles se poursuivent.

Autre excursion intéressante, le village pittoresque de **Ia**, sur les falaises du nord de l'île, présente une architecture typique des Cyclades, avec des maisons accrochées à flanc de colline. N'oubliez pas non plus la minuscule île de **Paléa Kaméni** et ses bains de boue chaude.

Paros

 Quelque peu éclipsée par Mykonos et Santorin, **Paros** s'avère pourtant très jolie, avec des villages pittoresques et de nombreux exemples d'architecture cycladique traditionnelle, et, en toile de fond, la mer d'un bleu profond.

De prime abord, Paros paraît active et dynamique. Le port vit au rythme des allées et venues incessantes des ferries, bateaux de pêche, taxi-bus et voiliers, sans oublier les bars, cafés et tavernes du front de mer.

En été, **Parikia**, la capitale de l'île, grouille de vacanciers venus profiter de la vie nocturne. En vous éloignant du front de mer, vous atteindrez un marché plein de vie où acheter des produits locaux (miel, vin et olives). Vous découvrirez aussi les vestiges d'un château vénitien et la **Panaghia Eka-tontapyliani** byzantine, une des plus grandes églises des îles Grecques, surnommée « église aux cent portes ». Elle n'en compte que 99, mais la légende veut que lorsque la centième sera trouvée, Constantinople sera réunifiée avec la Grèce.

Naoussa, au nord, accessible en bus ou en voiture de location est une station balnéaire dotée de belles plages qui attire les adeptes de planche à voile. A l'intérieur, **Lefkès** est un joli village médiéval aux ruelles étroites et aux édifices bien conservés. Visitez également **Petaloubès**, la vallée aux Papillons (ainsi nommée pour ses papillons hétérocères qui s'y rassemblent) et les carrières de Marathi, dont le marbre blanc d'excellente qualité, extrait depuis des siècles, servit à sculpter la Vénus de Milo.

Un pêcheur démêlant ses filets dans le port de Naoussa.

Poulpes séchant au soleil, scène familière dans les Cyclades.

Naxos

Naxos, la plus grande île des Cyclades, est étroitement liée au mythe d'Ariane, la fille du roi Minos de Crète, qui aida Thésée à tuer le Minotaure et à sortir du labyrinthe. Thésée quitta la Crète en emmenant Ariane avec lui, mais il l'abandonna sur l'île de Naxos. C'est là que Dionysos, dieu de la Vigne et du Théâtre, la trouva et l'épousa. La petite île où ils se rencontrèrent se trouve juste au nord de la capitale portuaire, **Chora**. Elle est aujourd'hui rattachée à l'île principale par une étroite langue de terre. L'île est dominée par les vestiges ioniques du **temple d'Apollon** (VIᵉ siècle av. J.-C.), dont la porte monumentale est devenue le symbole de l'île.

Le front de mer animé de Chora est bordé de magasins, de restaurants et de banques mais la colline, à l'arrière, exhale encore une ambiance médiévale. Les vieilles rues à passages montent au château du XIIIᵉ siècle, construit par le Vénitien Marco Sanudo. Le bâtiment du Musée archéologique abritait l'Ecole française, fondée en 1627, pour fournir une instruction gratuite aux étudiants catholiques et grecs orthodoxes ; l'écrivain Nikos Kazantzakis (1885-1957) en fut un élève.

La Crète (Kriti)

Avec 256 km de long et 11 à 56 km de large, la **Crète** est de loin la plus grande île grecque. Parfois appelée Megalónissos, ou « grande île », elle est dominée par une chaîne de montagnes qui culmine à plus de 2 400 m d'altitude. Sa capitale, Héraklion, figure sur l'itinéraire de nombreuses croisières. Elle est idéalement située pour visiter le site le plus connu de l'île : Knossos, ou le labyrinthe du Minotaure.

> De la Crète, berceau de la civilisation européenne, les Minoens (un peuple que l'on croyait mythique jusqu'à la confirmation de leur existence au début du XXe siècle) sillonnèrent la Méditerranée pour leurs activités commerciales. La prodigieuse collection d'objets disséminés dans les musées de l'île démontre qu'ils furent les premiers véritables Européens, amateurs d'art, s'adonnant au sport et appréciant les loisirs.

Héraklion (Iraklio)

Héraklion est la capitale de la Crète depuis 1971 ; près d'un tiers de la population crétoise y vit. En général, les bateaux y restent assez longtemps pour permettre à leurs passagers de faire une excursion à Knossos. De nombreux taxis attendent dans le port, mais si vous préférez marcher, vous atteindrez la place principale de la ville, Platia Venizélou, en tournant à droite à la sortie du port, en longeant le front de mer, puis en prenant à gauche dans l'avenue 25 Avgoustou.

Sur **Platia Venizélou**, où se dresse la charmante fontaine Morosini (XVIIe siècle) et ses célèbres lions sculptés, vous êtes au cœur du quartier commerçant d'Héraklion, où vous pouvez acheter des céramiques, de la dentelle et des sculptures de facture locale.

Avant de quitter Platia Venizélou, jetez un coup d'œil à **Agios Markos**, une basilique vénitienne du XIIIe transformée en galerie d'art. Un peu plus au nord, se trouve la **loggia vénitienne** du XVIIe, magnifiquement restaurée. Immédiatement au sud, l'**église Agia Ekaterini** abrite un musée (ouvert lun-ven 9h30-14h30) qui expose des icônes de toute beauté. Incontournable, le **Musée archéologique** (ouvert lun 12h-17h, mar-dim 8h-17h) compte parmi les plus importants de Grèce ; il renfer-

Dans le port d'Héraklion.

me notamment des vestiges et objets minoens de Knossos. Il se situe au nord de l'autre grande place de la ville, Platia Elevtherias. L'office de tourisme est installé juste à côté.

Si l'histoire crétoise vous intéresse, parcourez les remparts d'Héra**k**ion, construits par les Vénitiens pendant la seconde moitié du XVe siècle. C'est là que se trouve la tombe de Nikos Kazantzakis, l'auteur de *Zorba le Grec*, natif de la ville. La **Rocca al Mare**, une autre forteresse italienne (XVIe siècle), veille sur le vieux port.

Excursions au départ d'Héraklion

Toutes les compagnies maritimes proposent une excursion au **palais de Knossos** (ouvert tlj 8h-19h), à 5 km d'Héraklion. Selon la légende, ce palais renfermait le labyrinthe du roi Minos, où était enfermé le Minotaure.

Ce site immense, couvrant plus de 2 hectares, reste époustouflant et mystérieux malgré l'affluence touristique. La plupart des édifices furent reconstruits par l'Anglais Arthur Evans, un archéologue aux méthodes controversées qui fouilla le site au début du XXe siècle. Le complexe n'en demeure pas moins impressionnant, avec son grand escalier, sa salle du trône, ses appartements royaux, ses fresques de dauphins et ses énormes jarres. Votre bateau vous proposera sans doute une autre excursion à la découverte des différents sites historiques de la Crète.

Le Dodécanèse

Le nom Dodécanèse vient du grec *dódeka nísi*, qui signifie « douze îles ». En réalité, l'archipel en compte beaucoup plus. Jusqu'en 1912, le **Dodécanèse** faisait partie de l'Empire ottoman. Il fut ensuite dirigé par l'Italie, pour finalement passer aux mains des Grecs en 1947. Les îles principales restent marquées de l'influence musulmane, mais cette culture n'est pas la seule à avoir laissé son empreinte sur l'archipel.

Kos

Ile natale d'Hippocrate, le père de la médecine moderne, **Kos** a toujours été connue pour l'Asclépéion, sanctuaire et

école de médecine. Aujourd'hui, l'île est surtout réputée pour ses stations balnéaires aux plages superbes et bondées en été, et pour son intérieur boisé. Malheureusement, certaines stations incarnent le pire du tourisme de masse.

A **Kos-ville**, où accostent les pa-quebots, l'architecture italienne côtoie les minarets du quartier turc. Dans le port, vous verrez à tribord le château des Chevaliers de Rhodes. Le centre-ville, aux étroites rues piétonnières bordées de magasins et de tavernes, est proche du port. Si votre bateau reste à Kos-ville pour la nuit, passez la soirée à terre. L'ambiance y est animée et de nombreuses boutiques restent ouvertes tard le soir.

Fresque de trois femmes, Knossos.

Parmi les sites à visiter, figurent une agora et une villa romaine restaurée, et une mosquée du XVIIIe siècle. Le **Musée archéologique** (ouvert mar-dim 8h30-15h), près du marché municipal, abrite une collection splendide.

L'**Asclépéion** (ouvert mar-dim 8h30-15h) est en hauteur, à 4 km au sud-ouest de la ville ; la vue sur la mer y est superbe. Pendant près de mille ans, il accueillit une école de médecine, qui aurait été fondée seulement après la mort d'Hippocrate (v. 460-370 av. J.-C.).

Patmos

Principal site de **Patmos,** l'impressionnant **monastère de Saint-Jean-l'Evangéliste** (ouvert tlj 8h30-13h et dim, mar, jeu 16h-18h) fut construit en 1088. Le **couvent de l'Apocalypse** (ouvert tlj 8h-13h), de 1090, abrite la grotte de l'Apocalypse. Les deux surplombent la ville portuaire de Skala. Chora, la ville principale, a conservé de nombreuses maisons du début du XIXe siècle. Patmos possède aussi des criques bien préservées et de belles plages, notamment Melli, Agriolivadho, Kambos, Vagia, Livadi Geranou et Kakoskala sur la côte est, au nord de Skala ; Lambi sur la côte nord ; et Psili Ammos sur la côte est, au sud de Skala.

Rhodes (Rodos)

Première destination touristique du Dodécanèse, **Rhodes** est réputée pour sa magnifique cité médiévale fortifiée, une des plus grandes d'Europe. L'affluence des voyages organisés a apporté son lot inévitable de magasins de babioles et de fast-food. L'architecture élégante et les ruelles pavées ne demandent pourtant qu'à être explorées, sans oublier les restaurants typiques en terrasse. En général, les bateaux de croisière y font escale plus d'une demi-journée.

Les gros paquebots accostent au port de commerce à l'est de la vieille ville, tandis que les bateaux plus petits et les navettes déposent leurs passagers dans le port médiéval de Mandraki. Rhodes-ville se visite à pied, la cité médiévale n'étant qu'à 20 minutes à pied du port.

La vieille ville se divise entre le quartier des Chevaliers, le quartier turc et le quartier juif. Ses solides murailles retracent toute l'histoire de l'île. Entrez par la porte Sainte-Catherine et prenez à droite jusqu'à la magnifique fontaine de **Platia Evréon Martiron**, ornée d'hippocampes en bronze.

Dans la prestigieuse **rue des Chevaliers** (XIVe siècle), s'alignent les auberges des différentes langues (huit en tout) parlées par les chevaliers de l'ordre gothique de Saint-Jean ; leurs blasons sont gravés au-dessus des portes cochères. Là, se dresse le **palais des Grands Maîtres** (XIVe siècle ; ouvert lun 12h30-15h, mar-dim 8h30-15h). Partiellement détruit en 1856 par l'explosion de la poudrière, il fut reconstruit à grands frais par les Italiens (Mussolini prévoyait humblement de l'utiliser comme lieu de vacances). Aujourd'hui converti en musée, il abrite du mobilier historique, des mosaïques et des sculptures.

La rue des Chevaliers.

Ce quartier est également connu pour l'**hôpital des Chevaliers de Saint-Jean** (XIVe siècle), transformé en musée archéologique (ouvert mar-dim 8h30-15h). A proximité, le **musée des Arts décoratifs** (ouvert mar-

Lindos, une excursion populaire au départ de Rhodes-ville.

dim 8h30-15h) mérite une visite, tout comme la **mosquée de Soliman** (XVIe siècle) à la coupole rose, et le **Musée byzantin**, installé dans une église du XIe siècle.

Excursions au départ de Rhodes-ville

De nombreux touristes choisissent d'aller visiter **Lindos**, à 44 km au sud. Sa solide acropole comporte un temple hellénistique d'Athéna, soutenu par des échafaudages, et un autre château des Chevaliers. En contrebas, dans le village, vous verrez les imposantes demeures que se faisaient construire les capitaines de navires de l'île. Terre de prédilection des hippies italiens, allemands et britanniques dans les années 1960, Lindos s'est désormais reconvertie dans les voyages organisés. La visite est déconseillée en plein été, car les étroites rues pavées sont alors bondées.

Autre excursion possible, le site antique de **Kamiros** est à 36 km au sud de la ville de Rhodes, sur la côte ouest.

Le nord-est de la mer Egée

Les îles du nord-est de la mer Egée sont plus près de la Turquie que de la Grèce. La lointaine Lesbos, plantée d'oliveraies, est la plus grande. Chios, dévastée par un tremblement de terre en 1811, possède encore des éléments médiévaux.

Chios

Chios, une île rocailleuse de l'est de la mer Egée, près de la côte turque, serait le lieu de naissance d'Homère. Les bateaux de croisière ou les navettes débarquent leurs passagers à **Chios-ville** (ou Chora), sur la côte est de l'île. Le port est un endroit animé, tout comme ce qui reste du vieux quartier de la citadelle, dévastée par le séisme de 1811. Des bus desservent les belles plages des environs. Plus loin, les mosaïques byzantines du **monastère de Néa Moni** sont célèbres. Les façades du village de **Pyrghi** sont ornés de motifs géométriques noirs et blancs saisissants, appelés *xysta*.

Lesbos (Mytilène)

A 10 minutes de la côte turque, **Lesbos** est renommée pour son huile d'olive et ses collines ondoyantes plantées d'oliveraies et de pinèdes. Cette île au riche passé possède des vestiges remontant à 3000 av. J.-C. Lesbos serait le lieu de naissance de la poétesse Sappho, si bien que les lesbiennes y affluent en été. La capitale de l'île, **Mytilène** (nom parfois donné à toute l'île), se distingue par ses demeures néoclassiques, ses magasins d'antiquités et son musée des Arts populaires.

Lesbos, connue pour ses olives.

Les Sporades

Comme son nom l'indique, cet archipel comprend quatre îles éparpillées : Skiathos, Skopélos, Alonissos et Skyros.

Skiathos, la plus développée des quatre, reste néanmoins attrayante. Elle a une ville, un auteur célèbre du XIXe siècle, Papadiamantis, deux monastères historiques, dont le superbe Evanghélistria (XVIIIe siècle), et 62 plages, dont certaines comptent parmi les plus belles de Grèce.

Skopélos, plus rurale que Skiathos, est aussi plus jolie. Ses deux belles villes de bord de mer, Skopélos-ville et Glossa, ont conservé leur architecture blanche traditionnelle. Les plages principales sont Staphylos, Agnondas, Limnonari, Milia et Panormos, cette dernière étant la plus commerciale. Lorsque le chef-lieu d'**Alonissos**, Chora, fut ravagé par un tremblement de terre en 1965, les habitants s'établirent dans le port d'arrivée de Patitiri, un ensemble de béton égayé par des plantes en pots et des vignes grimpantes. Le Centre de protection du phoque-moine a son siège à Sténi Vala. Les Sporades du nord sont une réserve naturelle marine protégeant cet animal menacé en Méditerranée. Les plus belles plages près de Patitiri sont Rousoum Ghialos, Kokkinno Kastro, Leftos Ghialos, Milia, Chryssi Milia et Votsi.

La plage de Kastani, à Skopélos.

Le sud de **Skyros** est aride et balayé par les vents, tandis que le nord s'avère boisé et verdoyant. Les maisons blanches de Skyros-ville semblent dégringoler vers la mer. Les jolies rues se parcourent à pied seulement. La rue principale, entre la place rarement utilisée et une statue du poète anglais Rupert

L'église du Christ domine le littoral de Skopélos.

Brook (qui mourut sur l'île en 1915), s'avère un brin touristique mais la ville et le reste de l'île ne sont jamais bondés.

Les îles du golfe Saronique

Des bateaux de croisière font parfois escale à Egine, Poros et Hydra, dans le golfe Saronique. Ces îles proches de la capitale *(voir p. 158)* attirent les Athéniens en week-end. Facilement accessibles en ferry depuis le Pirée, elles permettent de goûter à la vie insulaire en début ou en fin de croisière.

Egine (Aegina) est une île montagneuse de culture de la vigne, des olives, des figues, des amandes et des pistaches. Elle vit aussi du tourisme et de la pêche à l'éponge. **Hydra** (Ydra), au contraire, est aride et rocailleuse. L'âne y reste le principal moyen de transport. L'île renferme d'immenses citernes souterraines où l'eau était jadis stockée. **Poros**, minuscule au nord-est du Péloponnèse, est plus verte ; sa jolie ville principale à flanc de colline est coiffée par une église.

La Turquie

Climat : la région de Marmara bénéficie d'un climat méditerranéen, avec des étés chauds et des hivers doux. La température augmente vers le sud.

Décalage horaire : GMT+2 ; GMT+3 en été.

Horaires : la plupart des commerces ferment le dimanche, mais les grands magasins restent ouverts toute la semaine. Les grands centres commerciaux et les boutiques de mode ouvrent à 10h et ferment entre 20h et 22h. Les petits magasins de quartier sont généralement ouverts de 8h à 20h30-21h. Les banques sont ouvertes du lundi au vendredi de 8h30 à 12h et de 13h30 à 17h ; quelques-unes ouvrent également le samedi matin.

Shopping : textiles, vêtements, tapis, poterie, ferronnerie, pierres précieuses et semi-précieuses, bijoux, articles en cuir et verre.

Argent : l'unité monétaire est la livre turque (£TQ), une des devises les plus faibles au monde.

Jours fériés : le 1er janvier, 23 avril, 19 mai, 30 août, 29 octobre et 10 novembre sont des jours fériés nationaux en Turquie.

Etiquette : les tenues de plage se portent uniquement à la plage, où le monokini est malvenu. L'entrée des mosquées est interdite aux non-musulmans aux heures de prière et le vendredi. Une tenue décente est exigée : pour les femmes, une jupe longue et les épaules couvertes ; pour les hommes, le short n'est pas accepté. Enlevez vos chaussures avant d'entrer. Les femmes doivent parfois se couvrir la tête (prévoyez un chapeau ou un foulard).

Pourboires : il est d'usage de laisser un petit pourboire (l'équivalent de 30 centimes à 1 €) à quiconque vous rend service. Au restaurant, arrondissez la note en ajoutant 10 à 15% du montant ; si le service est compris, laissez 5% en monnaie au serveur. Les chauffeurs de taxi n'attendent pas de pourboire, mais vous pouvez arrondir le montant de la course.

Risques sanitaires : la « tourista » est le risque principal. Buvez uniquement de l'eau en bouteille et assurez-vous que vos aliments soient bien cuits (très chauds). Il est plus sûr de manger des produits frais préparés localement. Parmi les autres dangers de l'été, figurent l'insolation et le coup de soleil.

Numéros d'urgences : police 155 ; ambulance 112 ; pompiers 110.

La mosquée de Soliman au coucher du soleil.

LA TURQUIE

L'Orient et l'Occident se rencontrent en Méditerranée orientale. Cette région exotique est née de la fusion de plusieurs cultures. Istanbul, l'ancienne Constantinople capitale du vaste Empire ottoman, brille de mille merveilles. Le port de Canakkale donne accès aux mémoriaux et cimetières militaires de la péninsule de Gallipoli, où tant de soldats tombèrent lors de la Première Guerre mondiale. Plus au sud, le port de Kuşadası permet d'accéder à la ville antique d'Ephèse et aux stations balnéaires de Bodrum et Marmaris.

Istanbul

Montez sur le pont à l'approche d'**Istanbul**. Ses coupoles et minarets dessinent une ligne d'horizon inoubliable. Trois fois millénaire, creuset culturel entre deux continents, Istanbul est une ville à découvrir lentement. Si votre croisière y commence ou s'y termine, envisagez d'y passer plusieurs

jours. Cependant, une escale de deux jours suffit pour visiter les principaux sites ; cette section dresse la liste des incontournables.

Commencez par vous repérer : le détroit du Bosphore, qui relie la mer Noire à la mer de Marmara, coupe la ville en deux, séparant la partie européenne à l'ouest de la partie asiatique à l'est. Votre navire arrivera dans l'Istanbul européenne (les bateaux accostent à Karaköy, à l'extrémité nord du pont de Galata), elle-même coupée en deux par un estuaire appelé la Corne d'Or.

Tout un choix de *loukoums* au Bazar égyptien d'Istanbul.

Eminönü

Les principaux sites touristiques d'Istanbul se concentrent dans le quartier de Sultanahmet, au cœur de la vieille ville. En chemin, vous traversez le quartier d'Eminönü (terminus des tramways et des ferries), au sud du pont de Galata. La vaste place au sud du pont est dominée par la **Nouvelle Mosquée** (Yeni Camii). Commencée en 1597, elle ne fut achevée qu'en 1663, ce qui en fait la mosquée classique la plus récente d'Istanbul.

La grande arche à droite de la mosquée marque l'entrée du **Bazar égyptien**, ou marché aux épices (Mısır Çarşısı). Il ouvrit quelques années avant la mosquée afin d'en assurer le financement. A l'intérieur, plane un parfum entêtant de gingembre, de poivre, de cannelle, de clous de girofle et de café.

La vieille ville

La vieille ville possède les mosquées, palais et églises les plus splendides d'Istanbul, ainsi que l'extraordinaire Grand Bazar. Un tramway la dessert au départ d'Eminönü.

Des rares vestiges de la ville byzantine, le monument le plus remarquable est sans aucun doute la **basilique Sainte-Sophie** (Aya Sofya ; ouverte mar-dim 9h30-16h30, juin-oct 9h-19h). Pendant presque mille ans, elle fut la plus belle église de la chrétienté, une merveille d'architecture construite par l'Empire byzantin pour impressionner le monde. Le dernier office chrétien y fut célébré le 28 mai 1453, la veille de la prise de Constantinople par les Turcs. Mehmet le Conquérant la transforma immédiatement en mosquée, en y adjoignant un minaret de brique à l'angle sud-est. Sainte-Sophie demeura une mosquée jusqu'en 1935, quand elle fut convertie en musée.

Au nord-ouest de Sainte-Sophie, se dresse l'enceinte du **palais de Topkapı** (Topkapı Sarayı ; ouvert mer-lun 9h30-17h, juin-oct 9h-19h), résidence et siège du gouvernement des sultans ottomans. Commencé en 1462 par Mehmet le Conquérant, le palais fut ensuite agrandi par chacun des sultans suivants, jusqu'à devenir une ville miniature, avec ses mosquées, ses bibliothèques, ses écuries, ses cuisines, ses écoles, son hôtel de la monnaie, son trésor, ses casernes,

> De l'autre côté du pont de Galata, la ville moderne, Beyoğlu, vaut le détour pour assister à un concert du célèbre orchestre des Janissaires (tlj 15h-16h) devant le Musée militaire.

ses armureries, ses bureaux et ses salles d'audience. A son apogée, le palais abritait 4 000 personnes.

En 1853, le sultan Abdül Mecit s'installa dans son nouveau palais de Dolmabahçe et Topkapı fut abandonné dès 1909. En 1924, il fut converti en musée. Depuis lors, il a subi plusieurs restaurations. Si vous êtes pressé, les lieux incontournables sont, par ordre d'importance, le Harem (les appartements privés du sultan, de sa mère, de ses épouses et de ses concubines ; ouvert 10h-16h, visite guidée de 30 minutes), le Trésor et le pavillon du Saint-Manteau.

Depuis la première cour de Topkapı, une allée pavée conduit à la cinquième cour, où se trouvent trois excellents musées (ouverts mar-sam 9h-19h). Le **Musée archéologique** (Arkeoloji Müzesi) a été agrandi pour pouvoir consacrer plusieurs salles à Chypre, la Syrie et la Palestine, les Phrygiens, Troie et l'Anatolie, du paléolithique à l'âge du Fer. La magnifique collection de sarcophages reste le clou du musée, avec notamment celui d'Alexandre, orné de scènes de chasse et de bataille.

Le parc long et étroit qui s'étire au sud-ouest de Sainte-Sophie est l'**Hippodrome** (At Meydanı). Il occupe l'emplacement d'un stade construit en 203 par l'empereur Septime-Sévère pour les courses de chars et autres manifestations publiques ; par la suite, il fut agrandi par Constantin le Grand. Ce stade avait une capacité de 100 000 personnes.

Au-dessus de l'Hippodrome, pointent les six minarets de la **mosquée Bleue** ou, en turc, Sultan Ahmet Camii (mosquée du sultan Ahmet). Construite entre 1609 et 1616 pour le sultan Ahmet Ier, elle devint la principale mosquée impériale de la ville, du fait de sa proximité avec le palais de Topkapı. Pour apprécier les effets ménagés par l'architecte, entrez dans la cour par la porte qui mène à l'Hippodrome.

Depuis la mosquée Bleue, suivez les rails du tramway sur Divan Yolu vers l'ouest et vous atteindrez le **Grand Bazar**.

Avec quelque 4 000 échoppes, mais aussi des banques, des cafés, des restaurants, des mosquées et un bureau de poste, le Kapalı Çarşı (marché couvert) d'Istanbul est le plus vaste bazar oriental du monde. Ses 66 ruelles étroites en damier s'étendent sur une distance totale de 8 km. Mehmet le Conquérant aménagea le premier marché couvert à cet endroit en 1461. Il a été reconstruit plusieurs fois à la suite d'incendies ou de tremblements de terre, le plus récemment en 1954 et à nouveau, dans une moindre mesure, en 1974. Il est facile de se repérer car la plupart des rues, bien indiquées, respectent le plan en damier.

Si vous avez du temps, prenez le tramway jusqu'à Beyazıt, où se trouve l'université d'Istanbul, et la **mosquée de Soliman** (Süleymaniye Camii), le plus bel édifice ottoman de la ville et un splendide souvenir de l'âge d'or de l'Empire.

Au Grand Bazar d'Istanbul.

Pour avoir une vue d'ensemble sur Istanbul, faites une sortie en bateau sur le Bosphore (deux départs par jour, à 10h35 et 13h35) depuis le quai à Eminönü *(voir p. 194)*. Le ferry fait la navette entre l'Europe et l'Asie, effectuant d'abord une escale à Befliktafl, puis desservant un chapelet de villages charmants. Vous pouvez rester sur le bateau pour l'aller-retour, ou descendre pour rentrer en bus ou en taxi.

Kusadası (Ephèse)

En bateau sur le Bosphore.

Kuşadası n'est certes plus le traditionnel village de pêcheurs d'antan, mais malgré le mercantilisme, la Turquie d'autrefois y subsiste, notamment dans les ruelles typiques de Kaleici, le quartier le plus ancien de la ville. Vous trouverez également de bonnes plages dans les environs. En raison de sa proximité avec la ville antique d'Ephèse, Kuşadası attire de nombreux bateaux de croisière, qui y mouillent pour la journée pour laisser aux passagers le temps d'aller visiter le site. Au-delà du port-ferry moderne, une chaussée de 350 m relie Kuşadası à **Güvercin Adası** (île du Pigeon), une île dominée par un château byzantin du XIIIe siècle et ceinte de jardins et de cafés.

Ephèse

A 17 km de Kuşadası dans l'arrière-pays, **Ephèse** (Efes) est une des villes antiques les mieux préservées de Turquie. Ses rues et ses monuments en marbre ont fait l'objet de fouilles approfondies et de restaurations soignées par des archéologues ; il suffit d'un peu d'imagination pour se retrouver transporté à l'époque des Romains.

Ce sont les Grecs ioniens de l'île de Samos qui fondèrent Ephèse vers 1000 av. J.-C. Le site était alors associé au culte de la déesse-mère anatolienne Cybèle, qui finit par se confondre avec Artémis la Grecque. Le temple d'Artémis, une des Sept Merveilles du monde antique, fut érigé en son honneur. La ville fut tour à tour gouvernée par les Lydiens, les Perses et les rois attalides de Pergame jusqu'en 133 av. J.-C., date à laquelle Attalus III légua son royaume aux Romains. Ephèse, une des villes principales de la nouvelle province d'Asie avec 200 000 habitants, continua à prospérer grâce au commerce. Mais Ephèse devait sa grandeur à son beau port naturel et, lorsque celui-ci s'ensabla au IIIe siècle, son déclin s'amorça rapidement. Le site fut découvert par l'archéologue britannique J. T. Woods en 1869, après six ans de recherche. La plupart des ruines visibles aujourd'hui datent de l'époque romaine, entre le Ier siècle av. J.-C. et le IIe siècle.

La visite débute en général à la **porte de Magnésie** et se poursuit en descendant la voie principale. Les premiers édifices sont l'**Odéon** (salle du conseil) et le **Prytanée**, où les archéologues ont découvert deux grandes statues d'Artémis.

La bibliothèque de Celsus à Ephèse.

La **voie des Courètes**, dallée de marbre, franchit la porte d'Hercule et aboutit au superbe **temple d'Hadrien**, dont la porte voûtée est coiffée par la tête de Tyché, la déesse de la Chance. Au coin de la voie de Marbre, sur la droite, les **thermes de Scholastikia** disposaient même d'un lupanar.

Plus loin, se dresse la façade imposante de la **bibliothèque de Celsus**. Construite en 110 par un consul romain en mémoire de son père, elle a été restaurée dans les années 1970. La voie de Marbre relie ensuite la bibliothèque au grand théâtre, qui pouvait accueillir 25 000 spectateurs. Aujourd'hui encore, les amateurs de musique et d'art dramatique s'y retrouvent lors du Festival international d'Ephèse.

Bodrum

Bodrum, construite sur les ruines d'Halicarnasse, est la ville natale de l'historien Hérodote. Sa beauté et son histoire fascinante côtoient certains des pires excès du tourisme. Bodrum est incontestablement jolie, mais bondée en été. L'entrée dans le port est superbe. Le château croisé de Saint-Pierre domine un petit promontoire et les adorables *gulets* (bateaux à voile) qui vont et viennent dans les eaux du port. Les compagnies maritimes transbordent leurs passagers à terre. Une fois à Bodrum, tous les sites d'intérêt sont facilement accessibles à pied.

Le tombeau du roi Mausole, une des Sept Merveilles du monde, a donné le mot « mausolée ». Seules ses fondations subsistent. Le château Saint-Pierre abrite à présent les trésors du **musée d'Archéologie sous-marine** (ouvert mar-dim 9h-12h et 14h-19h), dont la coque d'un navire byzantin.

Derrière le port en direction du château, les rues étroites sont ponctuées de magasins, de discothèques et de bars sur les toits. La nuit, elles se remplissent de fêtards et de noctambules, mais les restaurants du port permettent de passer une agréable soirée à terre. Bodrum n'a pas de plage à proprement parler ; vous devrez prendre un *dolmus* (taxi collectif) et aller plus loin sur la péninsule pour profiter du soleil et vous baigner.

Marmaris

Gulets dans le port de Bodrum.

Marmaris compte parmi les stations balnéaires les plus populaires de Turquie, ce qui lui a valu de souffrir du surdéveloppement touristique. Quoi qu'il en soit, son cadre reste magnifique, avec une vaste baie cernée de montagnes et de pinèdes, et l'eau ponctuée de milliers de voiles blanches en été. Les bateaux de croisière transbordent leurs passagers ou les débarquent directement au terminal des ferries. De là, une petite place débouche sur les rues étroites et le marché de la vieille ville. Cette dernière s'est étalée autour d'une petite citadelle de 3000 av. J.-C. qui fut reconstruite par Alexandre le Grand et Soliman le Magnifique. De nombreuses tavernes jalonnent le front de mer, les plus authentiques étant celles qui sont situées plus en hauteur, en allant vers la citadelle.

Si vous disposez d'une journée entière, partez en excursion sur l'exquise **île de Cléopâtre**. Le trajet commence par 12 km en minibus et se poursuit par une brève traversée en bateau (réservez auprès d'une agence locale dans le port de Marmaris). L'île est célèbre pour la limpidité de ses eaux et la finesse de son sable blanc.

Chypre

Climat : Chypre connaît des étés longs, chauds et secs, avec peu d'humidité ; le printemps et l'automne sont courts ; l'hiver est doux et humide.

Décalage horaire : GMT+2.

Horaires : les magasins sont ouverts le lundi, mardi, jeudi et vendredi jusqu'à 18h en hiver et 19h30 en été ; le mercredi et le samedi jusqu'à 14h, hiver comme été. Les magasins ferment parfois à 19h au printemps et en automne et la plupart observent la sieste en été entre 13h et 16h.

Shopping : en plus du fromage halloumi, du vin et des alcools locaux, l'île fabrique des objets d'artisanat intéressants : dentelle, maroquinerie, poterie, bijoux, soieries, verre, sculptures sur bois et broderie.

Argent : l'unité monétaire de Chypre est la livre chypriote (£CYP).

Jours fériés : 1er et 6 janvier ; 25 mars ; 1er avril ; 1er mai ; 15 août ; 1er octobre ; 28 octobre ; 24, 25 et 26 décembre.

Etiquette : lorsque vous visitez un monastère, habillez-vous décemment. Les visiteurs en short, sans chemise, en dos nu, en robe courte et en tenue de plage ne seront pas admis (ni parfois les femmes en pantalon). Enlevez vos chaussures avant d'entrer dans une mosquée. Côté shopping, sachez que le marchandage ne fait pas partie de la tradition chypriote.

Pourboires : les hôtels et les restaurants facturent 10% pour le service ; le pourboire n'est donc pas obligatoire, même si la petite monnaie est toujours appréciée. Si le service n'est pas compris, ajoutez 10% au restaurant. Il est de coutume de laisser un pourboire de 10% aux chauffeurs de taxi. Pour les porteurs, les guides, les coiffeurs et les employés de vestiaire, prévoyez de 50 cents à 1 £CYP.

Sécurité : Chypre est une des destinations les plus sûres de la Méditerranée. Le taux de délinquance y reste bas, et les habitants sont en général détendus et accueillants.

Soins médicaux : toutes les villes ont des hôpitaux avec des médecins qui parlent anglais, à défaut de français.

Numéros d'urgences : police 112 ; ambulance 112 ; pompiers 112.

Un pêcheur chypriote au port.

CHYPRE

Chypre, troisième île de la Méditerranée par la taille, est devenue une république indépendante en 1960. Cependant, depuis l'invasion turque de 1974, elle est divisée entre la partie turque au nord et la partie grecque au sud. Celle-ci, qui couvre les deux tiers de l'île, est la plus touristique, notamment grâce aux stations balnéaires d'Agia Napa (renommée pour sa vie nocturne) et de Paphos, dans le sud-ouest.

L'essentiel de l'île a été épargné par les promoteurs immobiliers. Le littoral sauvage et les paysages de montagne ne demandent qu'à être explorés. Il y a près de 200 km de sentiers de randonnée et des sites archéologiques de premier ordre, en particulier dans les environs de Paphos, un des sites insulaires inscrits au Patrimoine mondial de l'Unesco. Tous sont accessibles depuis les ports de croisière de Larnaca et Limassol. Paphos est assez loin, à 70 km à l'ouest, mais des voies rapides facilitent le trajet.

Limassol

Deuxième ville de Chypre et capitale viticole de l'île, **Limassol** est aussi le principal port de croisière chypriote et une importante station balnéaire. Les paquebots viennent s'amarrer au port et y restent une journée entière, même si les départs ont souvent lieu en début de soirée.

L'arrivée au port n'a rien de remarquable, même si le massif du Troodos forme une belle toile de fond. Les autorités locales proposent une navette en bus jusqu'au centre de Limassol, à 3 km de là. A pied, comptez 20 à 30 minutes de marche sans intérêt avant d'arriver au vieux port, où débute Limassol à proprement parler.

Le centre de Limassol s'explore à pied, soit par la route côtière, avec sa promenade impeccable qui surplombe la plage, soit par le quartier commerçant de la rue Agio Andreou, parallèle à la route côtière et partiellement piétonnière.

Des bateaux de pêche multicolores dans le port de Limassol.

En face du vieux port, le **château des Croisés** accueillit le mariage de Richard Cœur de Lion et de Bérengère de Navarre. Par la suite, il passa aux mains des chevaliers de Saint-Jean-de-Jérusalem, puis des Turcs. Aujourd'hui, il abrite le fascinant **Musée médiéval** (ouvert lun-sam 9h-17h, dim 10h-13h). A proximité, le quartier turc a des mosquées jumelles et des bains.

Sur la droite, s'ouvre un agréable marché. Plus au nord, vous pouvez visiter

Vue sur les toits de Limassol depuis les remparts du château.

l'**église Agia Trias** (Sainte-Trinité), avant de terminer votre circuit par les jardins municipaux, qui comprennent un théâtre en plein air et un petit zoo tristounet.

Excursions au départ de Limassol

Située à mi-chemin sur la côte sud de Chypre, Limassol est un point de départ idéal pour la visite de l'île, car tous les sites intéressants de l'île se trouvent à moins d'une heure et demie en voiture. En semaine, des cars partent toutes les heures de la place du marché de Limassol à destination de la capitale, Nicosie (Lefkosia). Les liaisons étant moins fréquentes le week-end, mieux vaut les éviter, de même que celles qui desservent Larnaca et le village touristique de Platres, dans les collines. En revanche, les taxis collectifs qui desservent Limassol, Larnaca, Paphos et Nicosie partent toutes les 30 minutes (toutes les heures le week-end). Ils vous prennent et vous déposent où vous voulez dans ces villes. Sachez qu'il faut réserver par téléphone (les offices de tourisme vous fourniront leurs numéros).

La plupart des armateurs proposent une visite des ruines de **Kourion** (ouvertes tlj 9h-19h30 en été, 9h-17h en hiver), à l'ouest de Limassol. Sinon, un bus part du château de Limassol. Le cadre est un des atouts majeurs du site, perché sur un pic escarpé au-dessus de la baie d'Episkopi.

Sur ce vaste site, se dresse un théâtre romain (50-175) reconstruit, la villa romaine d'Eustolios, une basilique chrétienne primitive, les vestiges de l'ancien stade, le sanctuaire d'Apollon-Hylatès, et le temple d'Apollon, partiellement reconstruit pour lui redonner son apparence de l'an 100.

A **Paphos**, autre excursion populaire, la ville antique, **Néa Paphos**, couvre 95 hectares. Les maisons ont révélé des mosaïques extraordinaires. La ville basse moderne, **Kato Paphos**, a un joli port et de bons restaurants de poisson.

Le théâtre romain reconstruit de Kourion.

Larnaca

Larnaca est moins bien située que Limassol pour partir à la découverte de Chypre, si bien que les croisières font escale dans cette dernière. Elle possède néanmoins nombre de sites historiques et elle est plus proche de Nicosie.

Les passagers débarquent juste en face du centre-ville. Une promenade agréable longe le port et la marina. Le front de mer est bordé d'hôtels, magasins, restaurants et tavernes. Atout supplémentaire, la plage municipale est plaisante (meilleure que celle de Limassol). A l'ouest du port, au sommet de la falaise, le **fort et musée médiéval** (XVIIe siècle), ainsi que l'**église Agios Lazarus** (Saint-Lazare) toute proche, sont accessibles à pied, mais vous pouvez prendre un taxi.

En ville, le **Musée archéologique** (ouvert lun-sam 9h-17h, dim 10h-13h) et la collection d'objets préhistoriques et médiévaux du **musée de la fondation Pierides** (ouvert lun-ven 9h-13h et 15h-18h, sam 9h-13h oct à mi-juin ; 9h-13h et 16h-19h mi-juin à sept) méritent le détour.

Nicosie

La capitale de l'île, **Nicosie**, est à une heure de route de Larnaca. Au milieu de l'animation qui règne dans sa partie sud, il est facile d'oublier le mur et les barbelés qui coupent la ville en deux. La vieille ville est entourée d'impressionnantes fortifications du XVIe siècle.

Laïki Yitonia (quartier populaire) attire les visiteurs car l'atmosphère de l'ancienne Nicosie y règne encore. A l'est de la ville, l'**Archevêché** abrite un des plus beaux musées de l'île : le **Musée byzantin** (ouvert lun-ven 9h-16h30, sam 9h-13h) est renommé pour son exceptionnelle collection d'icônes religieuses. Pour voir la plus belle collection d'antiquités de Chypre, rendez-vous au **Musée chypriote** (ouvert lun-sam 9h-17h, dim 10h-13h), sur Leoforos Mouseiou, à l'ouest de la vieille ville.

Un chargement de laine fraîchement teinte.

LE MAROC

Avec ses médinas inextricables, ses casbahs mystérieuses au cœur du désert et ses souks aux mille merveilles, le Maroc est le royaume de l'exotisme.

Casablanca

Le nom de **Casablanca** trahit ses origines européennes. Ce comptoir fondé par les Portugais sur la côte Atlantique du Maroc s'appelait Casa Branca, ou « maison blanche ». La ville ne se développa qu'après son occupation par les Français en 1907. Sous le Protectorat, elle devint un des ports les plus actifs du Maroc. C'est aujourd'hui la ville la plus peuplée et la capitale économique et industrielle du pays, responsable de la moitié de la production industrielle nationale. Le nom arabe de la ville est Dar el Baida (Maison Blanche), mais les Marocains l'appellent simplement « Casa ». Avec 3 à 5 millions d'habitants, elle est la deuxième ville la plus peuplée d'Afrique après Le Caire. Mais elle ne ressemble pas à la ville dépeinte dans le film qui l'a rendue célèbre.

Toutes les grandes artères convergent à la place Mohammed-V, au cœur de la ville moderne. L'ancienne médina s'étend entre la place et le port. Fleuron de la ville, la **Grande Mosquée Hassan II** (visites guidées tlj sauf ven 9h, 10h, 11h et 14h) se dresse sur une bande de terre gagnée sur l'océan, à l'ouest du port. C'est la plus grande mosquée du monde en dehors de La Mecque. Curieusement, elle est ouverte aux non-musulmans. L'intérieur illustre la diversité des motifs arabes dans toute leur splendeur, rehaussée par l'échelle de la structure. Un ascenseur extérieur en verre monte au sommet du minaret, le plus haut du monde (210 m), d'où un rayon laser pointe en direction de La Mecque.

Excursions classiques, Rabat et Marrakech se visitent en une journée au départ de Casablanca.

Le Maroc

Climat : l'été est long, chaud et sec. L'hiver est court et doux.

Décalage horaire : GMT toute l'année.

Horaires : variables selon la période de l'année et le Ramadan. En général, du lundi au samedi de 8h30 à 12h et de 14h30 à 18h30. Certains magasins sont fermés le vendredi (jour saint).

Argent : l'unité monétaire est le dirham (dh), divisé en 100 centimes.

Jours fériés : les fêtes religieuses dépendent du calendrier lunaire et changent chaque année. Les fêtes nationales sont fixes : 1er et 11 janvier ; 1er mai ; 14, 20 et 21 août ; 6 et 18 novembre.

Étiquette : tenue décente de mise. Enlevez vos chaussures avant d'entrer dans une mosquée et n'entrez pas pendant la prière.

Pourboires : quelques dirhams pour un menu service ; 10 à 15% pour un taxi équipé d'un compteur (rien si le prix a été négocié).

Numéros d'urgences : police 19 ; ambulance et pompiers 15.

Rabat

Capitale du Maroc, **Rabat** s'articule autour de son vaste souk et de l'imposante **casbah des Oudaïa**, aujourd'hui transformée en quartier résidentiel, avec en son centre un exquis jardin andalou qui conduit au **musée des Arts marocains** (ouvert tlj sauf mar 9h-12h et 14h30-17h30).

A l'est de la ville, le **mausolée de Mohammed V** (ouvert tlj 8h-18h30) abrite le tombeau du roi qui obtint l'indépendance du Maroc en

A l'entrée du Palais royal de Rabat, la capitale marocaine.

1965. Protégé par des gardes en tenue berbère, l'édifice reflète l'immense savoir-faire des artisans marocains.

Le **Musée archéologique** (ouvert tlj sauf mar 9h-12h et 14h30-18h) relate les 2 000 ans d'histoire de Rabat et du Maroc à l'aide d'objets de la préhistoire et de la période romaine. Certaines sculptures proviennent de la ville romaine de **Sala Colonia** (l'actuelle Chellah), dont les ruines se trouvent à l'extérieur des remparts de Rabat.

Marrakech

Fondée en 1062 par Youssef ibn Tachfine, **Marrakech** se trouve au carrefour du Sahara et des montagnes enneigées de l'Atlas, mais aussi des cultures africaine, arabe et berbère du Maroc. Car des peuples de tout le pays viennent y vendre leur marchandise dans les souks. En fin de journée, ils se rassemblent sur la place centrale, Jemaa-el-Fna (littéralement « assemblée des trépassés », car c'est là que les têtes coupées des criminels étaient naguère exposées). Des tambours annoncent les spectacles de rue sur le point de commencer : conteurs, charmeurs de serpents, chanteurs, diseuses de bonne-aventure, cracheurs de feu, etc.

Sur un côté de la place, se dresse le **minaret de la Koutoubia**, un des grands monuments de la dynastie des Almohades (XIIe siècle). En face, la rue Souk Smarine s'enfonce dans les souks de la ville, chacun étant spécialisé dans un métier particulier, comme la poterie, le cuir ou les antiquités.

Plus au sud, se dresse la ville fortifiée, ou médina. Vous y verrez la **mosquée al-Mansour** et l'entrée des superbes **Tombeaux saadiens** du XVIe siècle, avec leurs salles somptueusement décorées où reposent les sultans de la famille impériale saadienne.

Un vendeur d'eau sur la place Jemaa-el-Fna, à Marrakech.

Agadir

Agadir doit son nom à une forteresse *(agadir)* du XVIe siècle, mais elle a été entièrement reconstruite après le tremblement de terre de 1960. La ville nouvelle s'enroule désormais autour de la baie, le long d'une magnifique plage de sable blond. Les avenues bordées d'arbres et les grands espaces contrastent avec les rues étroites des villes marocaines traditionnelles. D'Agadir, des excursions visitent Marrakech et Taroudant.

Taroudant

A 40 km d'Agadir, **Taroudant** s'avère particulièrement
agréable. Entourée d'oliveraies, de vergers et de champs verdoyants arrosés par la fonte des neiges du Haut Atlas, cette
ville est le carrefour commercial de la vallée de Souss. A une
époque où les villes côtières étaient exposées aux invasions
par la mer, la situation et les hautes murailles de Taroudant
en firent la capitale de la région. Ses fortifications, édifiées
par les Saadiens au XVIᵉ siècle, sont en bon état et demeurent la principale attraction. Intra-muros, les places poussié-
reuses et les souks ombragés accueillent des marchands de
tapis, de maroquinerie et de bijoux berbères.

Tanger

Habitée sans interruption depuis plus de 2 000 ans, **Tanger**
fut fondée par les Berbères vers 1000 av. J.-C. Depuis 1932,

Des monticules d'épices odorantes dans le souk de Taroudant.

elle est la chasse gardée des gens fortunés et elle a su garder son ambiance cosmopolite même après le rattachement au Maroc en 1956. Avec ses jardins secrets, ses grandes mosquées, ses égli-

Au Maroc comme dans tous les pays musulmans, on n'utilise jamais la main gauche ni pour manger, ni pour saluer quelqu'un.

ses et sa *casbah* animée, Tanger donne une idée de ce qu'était autrefois l'Afrique du Nord. Sa position stratégique sur le détroit de Gibraltar en fait un port d'escale à part entière, et pas seulement un point d'entrée pour le Maroc, même si certains bateaux y restent moins d'une journée. Le terminal de croisière est à 800 m du centre-ville.

La *casbah*, au sommet de la médina, est une vraie ruche. Des artisans y pratiquent leurs activités traditionnelles et vendent leur marchandise après une séance de marchandage et un verre de thé à la menthe : tissage de tapis, travail du cuir et façonnage de poteries.

La **médina** de Tanger fut fondée par les Romains. La grande mosquée fut construite sur les fondations d'un temple à Neptune, le dieu de la Mer, tandis que la place du Petit-Socco occupe l'emplacement du forum. Le **Grand Socco** (ou place du 9-Avril-1947), envahi par des commerçants venus des villages des montagnes, est au cœur de la médina.

La *casbah* a abrité tour à tour les gouverneurs romains, les nobles byzantins, les princes arabes et les croisés portugais, ainsi que les Anglais qui démolirent la forteresse médiévale lorsqu'ils abandonnèrent Tanger en 1685. La forteresse fut reconstruite au XVIIe siècle par le sultan Moulay Ismaïl. **Dar el-Makhzen**, un palais du XVIIe siècle, servait de demeure aux sultans et à leurs harems. Il abrite aujourd'hui le musée des Arts marocains. Autre édifice remarquable occupé par un musée d'art, l'**Ancienne Légation américaine** est située à l'écart de la rue du Portugal, près du Grand Socco.

Un fabriquant de *chéchias* dans le souk de Tunis.

LA TUNISIE

La diversité de la Tunisie est inversement proportionnelle à la taille du pays. Tunis, porte d'accès vers les vestiges de Carthage, mérite sa place parmi les ports d'escale les plus visités d'Afrique du Nord. La capitale du pays marie les cultures européenne et arabe, comme le font, à plus petite échelle, Bizerte et Sidi-Bou-Saïd.

Tunis

⚓ Ville à multiples facettes, **Tunis** est la capitale moderne de la République tunisienne, avec des boulevards bordés d'arbres, des immeubles modernes, des cafés animés et une touche européenne indéniable. Mais elle présente un autre visage, complètement différent, qu'elle doit à sa médina (ville arabe médiévale), un labyrinthe de ruelles tortueuses jalonnées de minuscules échoppes, de majestueuses mosquées et d'imposants palais historiques.

En général, les croisières font escale une journée à Tunis. A l'approche du port, les paquebots longent un paysage bas et vallonné, parsemé de petites maisons blanches et de bosquets d'arbres. Cette approche tout en douceur sur les côtes africaines se poursuit sur les larges quais de Tunis, plantés de palmiers et d'arbustes verdoyants. Le terminal est à 40 minutes du centre-ville et à 20 minutes du site antique de Carthage. Pour aller à terre, les ressortissants non-européens devront récupérer leur passeport au commissariat de bord et le faire tamponner par les autorités portuaires.

Au cœur de Tunis, la médina est la vieille ville fortifiée construite par les premiers commerçants arabes. A chaque porte principale, un plan détaillé indique les noms de rues et des flèches oranges signalent les sites à voir. Les souks abri-

---

La Tunisie

Climat : l'été est long, très chaud et sec. L'hiver est court et doux.

Décalage horaire : GMT+1.

Horaires : variables selon la période de l'année et le Ramadan. Magasins ouverts de 8h à 12h et de 15h à 18-19h ; certains commerces ferment le vendredi (jour saint).

Argent : dinar tunisien (DTU), divisé en 1 000 millimes.

Jours fériés : les fêtes religieuses, déterminées par le calendrier lunaire, changent chaque année. Les fêtes nationales sont fixes : 1er janvier ; 20 et 21 mars ; 9 avril ; 1er mai ; 25 juillet ; 13 août.

Etiquette : tenue décente de mise. Enlevez vos chaussures avant d'entrer dans une mosquée et n'entrez pas pendant la prière.

Sécurité : la criminalité n'est pas un problème majeur, mais il est risqué d'exhiber des objets de valeur dans un souk bondé.

Pourboires : 10 à 15% pour les serveurs et les chauffeurs de taxi s'il y a un compteur (rien si le prix a été négocié avant le départ).

Numéros d'urgences : police 197 ; ambulance 190 ; pompiers 198.

tent leur lot habituel de rabatteurs, alors méfiez-vous de quiconque vous propose de visiter un musée ou une exposition car vous aboutirez invariablement chez un marchand de tapis.

Bab el-Bahr, une arche construite en 1848 et également appelée porte de France, marque l'entrée de la médina. Franchissez-la et prenez l'allée étroite de gauche. **Jemaa ez-Zitouna**, bordée de petites échoppes d'artisans et de boutiques de souvenirs, est la rue principale de la médina. L'encens capiteux et les parfums exotiques se mêlent à l'odeur alléchante d'agneau rôti et à l'arôme puissant du café fraîchement moulu. Le martèlement irrégulier de l'atelier du forgeron et le frottement des sandales sur les pavés couvrent l'appel à la prière du *muezzin*, du haut de son minaret.

Puis la rue s'enfonce dans un tunnel et ressort au pied des marches de la **mosquée de la Zitouna** (mosquée de l'Olivier ; ouverte tlj sauf ven 8h-12h), au cœur de la vie quoti-

Les échoppes bordent les allées étroites de la médina.

dienne de la médina depuis plus de mille ans. Les visiteurs peuvent gravir l'escalier jusqu'à l'arcade qui donne sur la cour centrale.

Les secteurs les plus intéressants de la médina s'agglutinent autour des murs de la mosquée. Il y a longtemps, ces ruelles étaient couvertes de manière à fournir des quartiers aux artisans de la ville. Les membres des corporations les plus puissantes, comme les libraires, les bijoutiers et les parfumeurs,

La mosquée de la Zitouna.

obtenaient les meilleurs emplacements, près de la mosquée, tandis que les métiers plus bruyants, comme les forgerons et les selliers, s'installaient un peu plus loin pour ne pas déranger les érudits qui étudiaient à l'intérieur. Les humbles tanneurs, dont l'activité dégage une odeur pestilentielle, étaient relégués près des remparts de la ville. Aujourd'hui, la prolifération de magasins de souvenirs visant une clientèle de touristes a quelque peu brisé cette stricte organisation.

Le **musée national du Bardo** (ouvert tlj 9h-17h mai-oct, 9h30-16h30 nov-avr) occupe un palais beylical du XIXe siècle à l'ouest de Tunis. Il abrite maints trésors archéologiques de Tunisie ; ces vestiges retracent chaque période de la riche histoire du pays. Certains objets exposés évoquent les rituels puniques de sacrifices d'enfants perpétrés à Carthage. Il y a aussi des statues romaines et de beaux fonts baptismaux datant des débuts de la chrétienté. Clou du musée, la superbe collection de mosaïques romaines et byzantines se trouve au premier et au deuxième étages.

Carthage

Carthage signifie « ville neuve » en phénicien. Car à sa fondation en 814 av. J.-C., elle était un nouveau comptoir dans un empire maritime en devenir. A présent, Carthage, ou ce qu'il en reste, est la doyenne des villes tunisiennes. Mise à sac et incendiée par les Romains en 146 av. J.-C., puis reconstruite un siècle plus tard, la cité tomba en ruines après la fondation de Tunis par les Arabes au VIII⁰ siècle.

Le centre de la ville antique était sur la **colline de Byrsa**, sur un site maintenant occupé par le **Musée national de Carthage** (ouvert tlj 8h-19h avr-oct ; 8h30-17h30 oct-mars), qui abrite une collection inégalée d'objets carthaginois de toutes les périodes. Certains vestiges sont disposés dans les jardins adjacents. A côté du musée, un chantier de fouilles révèle les murs et fondations de maisons puniques de cinq ou six étages, équipées de citernes à eau et de canaux d'évacuation.

Ruines phéniciennes, Carthage.

A côté, l'ancienne **cathédrale Saint-Louis** fut construite en 1890 sur le lieu où le roi de France Saint-Louis mourut en 1270 lors de la VIII⁰ croisade. Elle abrite désormais l'**Acropolium** (ouvert tlj 9h-18h), un centre culturel et touristique, qui organise en octobre un festival de musique classique.

Les **thermes d'Antonin**, du II⁰ siècle av. J.-C., s'étendaient sur près de 4 hectares et figuraient parmi les plus vastes de l'Empire romain. Plus haut, à quelques minutes à pied, se trouvent les **villas romaines** (ouvertes tlj 8h30-17h30), un ensemble de ruines comprenant notamment un odéon.

En-dessous, le **théâtre d'Hadrien** a été presque entièrement reconstitué au XXᵉ siècle. Il accueille des concerts et du théâtre pendant le Festival international de Carthage *(voir p. 218)*. En face, se trouvent les **thermes de Gargilius** et, plus loin, les **citernes romaines de la Malga**, jadis alimentées par l'aqueduc de Zaghouan.

> Le *tophet* (« lieu de sacrifice ») est l'endroit où, pendant des siècles, les Carthaginois sacrifièrent des milliers de leurs fils aînés en offrande aux dieux Tanit et Baal Hammon. Après avoir été étranglés, les jeunes garçons étaient brûlés sur un autel et leurs cendres enterrées dans des urnes. Leur emplacement était marqué par une pierre gravée appelée *stelae*. Plusieurs sont visibles au musée du Bardo.

Sidi-Bou-Saïd

Village de carte postale, **Sidi-Bou-Saïd** dévale le flanc de la colline, entre le phare et le bord de mer, en une cascade de maisons cubiques blanches aux portes et volets bleu vif. Le village est réputé pour sa beauté intemporelle, pour la vue panoramique qu'il offre depuis le sommet de la colline (montez jusqu'au phare), et pour les délicates cages à oiseaux fabriquées par les artisans locaux.

Sidi-Bou-Saïd tient son nom d'un saint du XIIIᵉ siècle, dont la tombe et la *zaouïa* furent construites sur le site d'un ancien *ribat* arabe et d'un phare. A en croire la légende, saint Louis s'y serait réfugié après le sac de Carthage.

Le **café des Nattes** et le **café Chaabane**, tous deux renommés, offrent une vue imprenable sur le village et la mer.

Bizerte

Le bel avant-port de Bizerte est relié par un canal aux deux arrière-ports. Une promenade agréable sépare l'entrée du canal et le **Vieux Port**, le port de pêche. C'est le plus joli quartier de la ville – dans ses eaux tranquilles bordées des maisons blanc éclatant de la médina, mouillent des bateaux de pêche peints de couleurs vives. L'entrée du port est flanquée de l'énorme **casbah** d'un côté, et du **fort el-Hanni**, plus petit, de l'autre.

Le Vieux Port de Bizerte et les murs de la *casbah*.

Ce dernier abrite un petit **Musée océanographique** doté d'un agréable café sur le toit.

Le **fort d'Espagne**, au sommet de la colline qui surplombe la ville, est un vestige du passé pirate de Bizerte, quand les corsaires turcs se réfugiaient derrière ses remparts imprenables, au désespoir de leurs poursuivants. Au bout du port, le minaret octogonal de la **Grande Mosquée** est un autre souvenir du passé turc de la ville.

Au nord de l'entrée du port, s'étire la **Corniche**, un long ruban étroit de sable doré, jalonné de bons hôtels et de restaurants de poisson.

A l'extrémité de la longue péninsule de sable, à l'est de Bizerte, **Ghar el-Melh** est un port de pirates du XVIIe siècle, doté de plusieurs forteresses et mosquées turques. En allant à la *koubba* (sanctuaire coiffé d'un dôme) voisine de **Sidi-Ali-el-Mekki**, vous longerez une belle plage. **Raf-Raf** possède également une superbe plage de sable.

LA LIBYE

Les compagnies maritimes proposent aujourd'hui une escale en Libye. Pour les amateurs d'histoire et d'archéologie grecque et romaine, Tripoli l'historique et la deuxième ville du pays, Benghazi, sont deux endroits à ne pas manquer.

En général, les Libyens sont accueillants et bien disposés envers les visiteurs. Les magasins et les marchés sont authentiques, et non touristiques ; les touristes y sont rarement harcelés. Contrairement à d'autres pays africains ou du Moyen-Orient, le marchandage n'est pas de mise en Libye, ce qui rend le shopping plus agréable et détendu.

Tripoli

Située à l'ouest de la côte méditerranéenne de Libye, **Tripoli** se découvre à pied, si la chaleur est supportable. Les panneaux sont en arabe, mais les habitants vous indiqueront vo-

---

La Libye

Climat : l'été est long, chaud et sec. L'hiver est court et doux.

Décalage horaire : GMT+2 toute l'année.

Horaires : variables selon la période de l'année et le Ramadan. Banques : 8h-14h. Magasins : 9h-14h et 16h30-20h30 ; certains sont fermés le vendredi (jour saint).

Argent : l'unité monétaire est le dinar libyen (DLY) ; aucune carte bancaire n'est acceptée.

Jours fériés : les fêtes religieuses, déterminées par le calendrier lunaire, varient chaque année. Les fêtes nationales sont fixes : 2 mars ; 11 juillet ; 1er septembre.

Étiquette : tenue décente de mise. Enlevez vos chaussures avant d'entrer dans une mosquée et n'entrez pas pendant la prière.

Pourboires : inexistants ; des hôtels ajoutent 10% pour le service.

Numéro d'urgences : 119 pour tous les services de secours.

lontiers le chemin. La ville est dominée par le Château rouge, **Al-Saraya al-Hamra**, construit au nord sur un promontoire qui domine une bande de terre gagnée sur la mer. Tous les dirigeants successifs de Tripoli (Turcs, Karamanlis, Espagnols, chevaliers de Malte, Italiens, etc.) ont chacun apporté leur pierre à la structure du château et à son contenu, qui comprend une superbe bibliothèque et un musée.

Le **musée de la Jamahiriya**, sur la place Verte, à côté du château, abrite une des plus impressionnantes collections archéologiques de la Méditerranée. De là, vous pouvez marcher jusqu'au souk de la médina (la vieille ville arabe) en quête de bonnes affaires, notamment des bijoux en argent et du cuir. La ville fortifiée regorge de mosquées, d'auberges anciennes, de hammans et de maisons traditionnelles. Tripoli a également de belles plages de sable en ville.

Leptis Magna

Une escale à Tripoli permet surtout d'aller visiter **Leptis Magna**, à 122 km sur la côte. Fondée au Ier millénaire av. J.-C., la ville était à son apogée un port florissant grâce au commerce des céréales et des olives ; elle comptait alors 70 000 habitants. Mais au fil des siècles, elle fut peu à peu engloutie par les dunes de sable. Les fouilles entreprises il y a un siècle ont donné une image précise et fascinante de l'Empire romain en Afrique du Nord. La ville possédait des constructions aussi impressionnantes que celles de Rome.

Le théâtre, un des plus beaux monuments du site, offre une vue panoramique sur la vieille ville. Visitez également le marché et la **Basilique sévérienne** à double abside. Les thermes sont les plus grands jamais construits en dehors de Rome, avec un terrain de sport, un chauffage par le sol, des bains chauds et froids, ainsi que plusieurs bassins. La plupart de ces édifices furent bâtis sous l'empereur Septime-Sévère, né sur place en 416 av. J.-C.

Benghazi

A la lisière orientale du golfe de Grande-Syrte, **Benghazi**, la  deuxième ville de Libye, s'avère propre et moderne, et dotée d'un souk animé. Elle donne également accès aux magnifiques **Montagnes vertes** (Djebel Akhadar), plantées de citronniers et d'oliviers et parsemées de petites villes rurales.

La ville voisine de **Cyrène**, autre lieu de fouilles remarquables, compte parmi les villes grecques de Cyrénaïque les mieux préservées. Fondée au VIIe siècle av. J.-C., elle prospéra à l'époque romaine à partir de 96 av. J.-C., avant d'être finalement abandonnée après la conquête arabe en 642. Vous y verrez des temples, des tombeaux, une agora, un gymnase et un théâtre, orné de mosaïques et de statues. Superbement situé, l'ensemble occupe un promontoire au-dessus de la mer. Les fouilles archéologiques se poursuivent. Les commerces sont rares (emportez plusieurs bouteilles d'eau).

Leptis Magna.

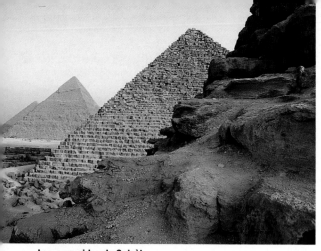

Les pyramides de Guizèh.

L'EGYPTE

La longue et riche histoire de l'Egypte n'a de cesse d'exercer sa fascination. L'empire qui s'y développa à partir de 2500 av. J.-C. et jusqu'à l'aube de la chrétienté fut une des plus grandes civilisations du monde. Lors de sa campagne d'Egypte, Napoléon demanda à ses officiers d'explorer le pays ; ils rapportèrent des dessins de statues et de colonnes à demi-ensevelies, qui furent à l'origine d'un incroyable engouement populaire dès le début du XIXᵉ siècle. Lorsque Howard Carter pénétra dans le tombeau poussiéreux de Toutankhamon en 1922, il y trouva, selon ses propres termes, *« des objets merveilleux »* qui confirmèrent la richesse inestimable des pharaons. Et lorsque le mécène de l'expédition, Lord Carnarvon, mourut quelques mois plus tard, la rumeur évoqua une malédiction de la momie du pharaon. Aujourd'hui, les théories pseudo-scientifiques sur l'origine et l'objet des pyramides abondent. Notre curiosité demeure insatiable.

Port-Saïd

A l'échelle égyptienne, **Port-Saïd** est encore en enfance : la ville ne fut fondée qu'en 1859, lorsque débutèrent les travaux du canal de Suez. Certains quartiers sont encore plus récents, car ils furent reconstruits après les bombardements de la crise de Suez de 1956 et les conflits entre l'Egypte et Israël dans les années 1960 et 1970. Port-Saïd n'est pas à proprement parler une destination touristique, mais c'est un port franc où le shopping est le meilleur du pays. Il y a aussi des plages peu fréquentées, des restaurants intéressants, des musées (en particulier le Musée national, dont les objets illustrent chaque période de l'histoire égyptienne, et un Musée militaire) et de charmants jardins publics.

Port-Saïd est avec Alexandrie *(voir p. 229)* un des grands ports d'entrée pour les passagers qui souhaitent visiter en une journée Le Caire, les pyramides de Guizèh et le Sphinx.

L'Egypte

Climat : l'été est long, chaud et sec. L'hiver est court et doux.

Décalage horaire : GMT+2.

Horaires : variables selon la période de l'année et le Ramadan. Certains magasins ferment le vendredi. Banques : 8h30-13h30.

Argent : l'unité monétaire est la livre égyptienne (£EG).

Jours fériés : les fêtes religieuses, déterminées par le calendrier lunaire, varient chaque année. Les fêtes nationales sont fixes : 1er janvier ; 25 avril ; 1er mai ; 23 juillet ; 6 octobre.

Etiquette : tenue décente de mise, notamment pour les femmes car c'est un pays musulman. Enlevez vos chaussures avant d'entrer dans une mosquée et n'entrez pas pendant la prière.

Pourboires : 10% pour les serveurs des restaurants si le service n'est pas compris ; 1 à 5 £EG pour un chauffeur de taxi.

Numéros d'urgences : police 122 ; ambulance 123 ; pompiers 125.

Le Caire

Fondée en 641 et agrandie par les Fatimides au IXᵉ siècle, **Le Caire** (Al-Qahira, « la Victorieuse ») devint la ville islamique la plus puissante du Moyen-Age. Située à la naissance du delta du Nil, c'est à présent la plus grande ville d'Afrique, avec plus de 16 millions d'habitants. Malgré la chaleur, la poussière et le bruit permanents, Le Caire est fascinante.

Une journée d'excursion passe généralement par le **Musée égyptien** (ouvert tlj 9h-16h45), qui renferme les plus beaux trésors de l'Egypte ancienne. Les collections les plus prisées se trouvent à l'étage, où sont exposés plus de 1 700 objets trouvés dans la tombe de Toutankhamon par Howard Carter en 1922, dont les trois sarcophages qui contenaient sa momie ; le sarcophage interne, en or massif, pèse 170 kg.

La salle des momies, également à l'étage, permet d'admirer les reliques de certains des plus illustres souverains égyp-

L'intérieur resplendissant de la « mosquée d'albâtre », au Caire.

tiens des XVIIIe, XIXe et XXe dynasties, notamment Ramsès IV, Séthi Ier et Thoutmosis III. Toutankhamon n'y figure pas, les autorités égyptiennes ayant décidé de le rendre à son tombeau de la Vallée des Rois.

Autre haut lieu du Caire, la **citadelle** fut construite au début du XIIIe siècle pour protéger la ville des croisés. Sa pièce maîtresse, la fabuleuse **mosquée Mohammed Ali** (XIXe siècle) est la plus grande de la ville. Elle est surnommée la « mosquée d'albâtre » car, à l'intérieur, ses murs en sont revêtus.

Motif typique de la citadelle.

Guizèh et les pyramides

Les archéologues s'accordent à dire que les **pyramides de Guizèh** (ouvertes tlj 8h-16h, 8h-17h en été) furent construites à quelques centaines d'années d'intervalle, vers 2600 av. J.-C., par plusieurs générations de la même famille royale qui voulaient une tombe à l'épreuve des pillards. La plus vaste, la **grande pyramide de Khéops**, est la seule des Sept Merveilles du monde antique qui ait survécu jusqu'à ce jour. Avec 137 m de haut, elle a été la plus haute structure du monde jusqu'à la construction de la tour Eiffel en 1898. A l'intérieur, un réseau de tunnels étroits et pentus conduit à la minuscule chambre funéraire, qui contient un simple sarcophage de granite. Le système de ventilation y est remarquable : les conduits sont alignés avec les principales constellations célestes de l'Egypte ancienne.

La **pyramide de Khéphren**, plus petite, paraît plus haute à cause de sa position surélevée. Elle renfermait un sarcophage de granite rouge. La plus petite des trois, **Mykérinos**, donne une perspective magnifique à l'alignement des trois pyramides. Au sud, se dressent trois petites pyramides inachevées, sans doute prévues pour la famille de Mykérinos.

Ces trois pharaons ne furent pas les seuls à reposer à Guizèh, site funéraire royal depuis l'Ancien Empire. Ainsi, le désert est parsemé de tombes en briques sèches et de *mastabas* (tombeaux de pierre au toit plat).

Erigé au début de la voie sacrée qui reliait jadis les pyramides au Nil, le **Sphinx** est une représentation énigmatique et monumentale (73 m de long et 20 m de haut) de Khéphren, avec la tête du souverain sur un corps de lion. Dans la mythologie égyptienne, les

Le Sphinx et la Grande Pyramide.

sphinx étaient des divinités protectrices. Après la mort de Khéphren, le corps du Sphinx fut progressivement enseveli par les sables du désert. Persuadé que la statue lui parlait, Thoutmosis IV pensait devenir pharaon s'il dégageait le sable, ce qu'il s'empressa de faire. Dès lors, les anciens Egyptiens crurent que le monument avait des pouvoirs prophétiques.

Vous pouvez faire le tour des pyramides à pied, à dos de chameau ou à cheval. L'accès à l'intérieur de la pyramide de Khéops est limité à 150 personnes le matin et 150 l'après-midi.

Alexandrie

Fondée en 331 av. J.-C. sur ordre d'Alexandre le Grand,
Alexandrie était jusqu'alors un port (appelé Rhatokis) utilisé par les pharaons dès le IXe siècle av. J.-C. Mais c'est sous
le nom d'Alexandrie qu'elle devint une des villes majeures
du monde antique, dont le Phare était une des Sept Merveilles et la bibliothèque abritait plus d'un demi-million de
livres et de manuscrits.

Escale prisée des paquebots qui croisent en Méditerranée
orientale, Alexandrie permet d'accéder au Caire et aux pyramides de Guizèh, mais elle mérite à elle seule une visite.

Le large boulevard du front de mer s'appelle la Corniche.
Tout près, le souk principal vend de tout, des épices aux
tapis, dans une ambiance typique. Une promenade sur la
Corniche conduit au **fort Quaytbay** (ouvert tlj 9h-16h et
17h-23h mai-oct, 9h-17h30 en hiver). Construit au Moyen-
Age sur les ruines de l'ancien **Phare**, il renferme quelques
vestiges de l'édifice d'origine.

Le **Musée gréco-romain** (ouvert tlj 9h-17h) expose des
objets du IIIe siècle av. J.-C. La **colonne de Pompée**, de
27 m de haut, fut construite en granite rose en 297 ; c'est un
des monuments romains les plus connus d'Alexandrie. La
ville est aussi la seule d'Egypte à avoir un amphithéâtre romain, mis au jour dans les années 1960, et dont les terrasses
de marbre blanc resplendissent au soleil. Plus remarquable
encore, les chercheurs espèrent découvrir le palais de Cléopâtre sur les fonds marins d'Alexandrie ; d'immenses
colonnes et statues ont déjà été retrouvées. Les fouilles de
Kom al-Dikkah (ouvertes tlj 9h-17h) et le Musée gréco-
romain figurent à la plupart des excursions.

La plupart des meilleures plages d'Alexandrie sont accessibles depuis la Corniche, jalonnée d'hôtels majestueux du
XIXe siècle. C'est l'endroit idéal où déjeuner en profitant de
la vue sur la baie.

INFORMATIONS PRATIQUES

CHOISIR UNE CROISIERE

L e succès d'une croisière dépend en grande partie du choix du navire et de l'itinéraire. Ne partez pas du principe que tous les bateaux se valent et que tous les parcours sont identiques. Certains paquebots restent plusieurs jours en pleine mer, tandis que d'autres ne naviguent que la nuit pour effectuer chaque jour une nouvelle escale. D'autres, au contraire, font escale en soirée pour profiter de la vie nocturne à terre ou pour permettre de longues excursions. Certains bateaux font même jusqu'à deux escales par jour.

Pour obtenir les coordonnées et des informations sur les différentes compagnies maritimes sillonnant la Méditerranée, consultez les pages 251-253.

Si vous souhaitez des informations plus détaillées et des conseils pour contrôler vos dépenses, consultez le guide Berlitz annuel des croisières, *Berlitz Ocean Cruising and Cruise Ships*, de Douglas Ward, qui décrit en détail plus de 250 navires.

Depuis quelques années, l'offre s'est fortement développée et une grande variété de croisières est aujourd'hui disponible. Les énormes navires des compagnies Princess Cruises et Royal Caribbean offrent tous les services imaginables sur ces hôtels flottants : spectacles de music-hall, nombreux restaurants, activités sportives sur le pont, cabines avec balcon. A l'autre bout de l'échelle, les navires de SeaDream Yacht Club et Seabourn ressemblent à des yachts de grand luxe. Pour une ambiance romantique, optez pour les voiliers de Star Clippers, Sea Cloud, Windstar Cruises, ou encore le *Lili Marleen* de Peter Deilmann ; ces voiliers vont du navire gréé en carré au palace flottant entièrement automatisé. Pour les petits budgets, Thomson, Island Cruises et Ocean Village proposent des tarifs intéressants sur leurs formules croisière+séjour et les croisières de sept nuits au départ de Palma de Majorque et plusieurs autres grands ports. Costa Croisières et MSC exploitent de grands navires modernes qui s'adressent à une clientèle plus internationale que les compagnies britanniques et américaines. Quant aux bateaux de P&O et Fred Olsen, ils transportent principalement des Britanniques. Enfin, les voyageurs à budget serré et à l'esprit indépendant pourront consulter l'offre de la toute nouvelle easyCruise.com.

CABINES

Une fois le bateau choisi, il vous reste à sélectionner votre cabine. Vous avez le choix entre une cabine intérieure, extérieure, avec balcon ou une suite. Sur tous les navires, vous pouvez réserver une cabine spécifique, mais certains armateurs facturent cette option.

Les moins chères sont les cabines intérieures situées sur les ponts inférieurs. Celles avec balcon, de plus en plus nombreuses, offrent le luxe du bronzage en privé. Mieux encore, certains navires (notamment ceux de Radiance Class de Royal Caribbean) possèdent des cabines avec grands balcons à l'arrière.

Au moment de réserver, n'oubliez pas dans quel sens le bateau navigue. Par exemple, sur un navire voyageant de Gênes à Barcelone, les cabines à tribord profitent de la vue sur la côte. Si vous souffrez du mal de mer, choisissez une cabine sur un pont inférieur et au centre du bateau, à l'endroit le moins sujet au tangage. Paradoxalement, les suites sont toujours situées sur les ponts supérieurs, qui sont les plus secoués par mer agitée. Vous y bénéficierez en revanche d'un maître d'hôtel, d'un service de restauration privilégié et d'une réception en grande pompe.

ENFANTS EN CROISIERE

Tous les navires ne sont pas bien adaptés aux enfants. En règle générale, les bateaux les plus modernes et les plus grands sont les mieux équipés. P&O, Princess, Carnival, NCL et Royal Caribbean offrent un service excellent, avec des programmes d'activités créatives et des salles de jeux pour tous les âges, des tout-petits aux adolescents. Le *Queen Mary II* et le *Queen Elizabeth II* de Cunard disposent d'une crèche avec assistantes maternelles qualifiées. Celebrity et Holland America Line proposent de bonnes garderies en haute saison et, côté croisières économiques, c'est Ocean Village qui offre le meilleur service. Les immenses paquebots de Costa et MSC s'adressent aussi à une clientèle familiale, mais le personnel sera sans doute italien et les autres enfants de diverses nationalités.

Jusqu'à récemment, il était impossible pour les parents de partir en excursion en laissant leurs enfants à bord, mais ce n'est plus le cas : les garderies proposent aujourd'hui un service en continu. Pour les parents de nourrissons et de tout-petits, les garderies du soir permettent d'aller dîner dans le calme et en toute tranquillité. Cependant, l'objectif n'est pas de permettre aux parents de se débarrasser de leurs enfants. Un des grands avantages de la croisière, c'est qu'elle permet de faire un petit tour en famille aux ports d'escale, puis de se réfugier au bateau lorsqu'il fait trop chaud.

VOYAGEURS HANDICAPES

La croisière est un mode de voyage idéal pour les handicapés. Tous les navires récents sont dotés de cabines spécialement aménagées pour l'accès en fauteuil roulant, et il en est de même pour les ascenseurs et les seuils de porte (aussi bien les portes intérieures que celles qui donnent accès aux ponts). Les boutons d'ascenseur et les panneaux indicateurs possèdent des inscriptions en braille, et certaines salles de spectacle proposent des écouteurs pour les malentendants. Les cabines pour handicapés étant peu nombreuses, il convient de réserver assez longtemps à l'avance. Renseignez-vous auprès de votre agence de voyages quant aux dispositions spécifiques aux handicapés lors des transferts aux aéroports et de l'embarquement dans le navire. Sachez que, pour des raisons de sécurité, l'équipage refuse de transférer les passagers en fauteuil roulant sur les navettes de transbordement par mer agitée ; par conséquent, choisissez les croisières comprenant le moins possible de transferts par navette jusqu'aux ports d'escale (indications mentionnées sur les brochures).

MARIAGES

Pour des raisons légales, seuls les capitaines de navires battant certains pavillons sont habilités à célébrer les mariages en mer (c'est le cas sur le *Golden*, le *Grand* et le *Star* de Princess Cruises). Cependant, il est possible de se marier en bateau (à quai ou en mer) en faisant monter à bord un prêtre, un pasteur ou un rabbin. Plusieurs compagnies – dont Holland America Line, Princess Cruises et P&O – proposent des formules avec mariage et offrent les services d'un coordinateur. Certains navires disposent d'une chapelle, souvent très ordinaire, terne et sans fenêtre. Mais vous pouvez demander à ce que la cérémonie soit célébrée sur le pont. La mariée devra penser à réserver le coiffeur et l'esthéticienne dès l'embarquement.

Autres possibilités : vous pouvez vous marier à terre puis partir en croisière pour votre voyage de noces ; ou encore vous marier à bord en journée dans un port d'escale, puis partir en voyage de noces le soir même, au coucher de soleil. De nombreuses compagnies proposent également des formules avec renouvellement des vœux, très demandées.

PORTS D'ATTACHE

Certains navires (notamment les luxueux) croisent en Méditerranée en permanence, si bien que des passagers embarquent et débarquent à chaque grande escale, par exemple Venise, Athènes ou Istanbul. Au contraire, d'autres paquebots opèrent tout au long de la saison au départ d'un seul port d'attache, effectuant des circuits de sept nuits (avec quelques variantes pour les personnes désireuses de prendre deux semaines de vacances). Par exemple, le bateau part de Palma de Majorque et longe les côtes françaises et espagnoles pendant la première semaine, puis il rentre à Palma, avant de repartir pour la Tunisie en deuxième semaine.

La Méditerranée comporte plusieurs ports d'attache. Suffisamment grands pour permettre aux paquebots de se mettre à quai et non simplement de jeter l'ancre, ils se situent dans des villes dotées d'un aéroport international. Nombre de ces aéroports sont aujourd'hui desservis par des compagnies aériennes pas chères, ce qui permet d'économiser de l'argent en réservant le vol soi-même.

Palma est un des principaux ports d'attache. Les compagnies britanniques Thomson, Island et Ocean Village y acheminent leurs passagers par vol charter et y vendent des séjours hôteliers pour compléter leurs croisières. Venise est un autre port important ; de nombreux bateaux y font escale une nuit entière pour vous permettre d'y passer un peu plus de temps.

Athènes est le principal port d'attache des paquebots qui croisent en mer Egée et au large des côtes de Turquie. Plusieurs compagnies ont cependant choisi Istanbul, une ville merveilleuse pour débuter et achever une croisière, avec son approche spectaculaire par le détroit du Bosphore. En Méditerranée occidentale, c'est Barcelone qui est le plus grand port d'attache ; il est capable d'accueillir plusieurs grands paquebots en même temps et vous y verrez souvent cinq ou six de ces palaces flottants amarrés à proximité l'un de l'autre. Si votre croisière s'achève à Barcelone et si vous ne rentrez pas en vol charter affrété par l'armateur, tâchez de retarder votre départ pour profiter d'une dernière journée de vacances à Barcelone. Parmi les grands ports d'attache, figurent également Naples, Civitavecchia (Rome) et Cannes (pour les navires de faible tonnage).

Bon nombre de navires des compagnies maritimes P&O, Cunard et Fred Olsen débutent et achèvent leurs croisières en Angleterre, à Southampton et à Douvres. De nos jours, Royal Caribbean et Princess amarrent également certains de leurs bateaux à Southampton en été. Il faut compter deux à trois jours de voyage pour rejoindre la Méditerranée via le golfe de Gascogne et le détroit de Gibraltar, mais c'est une solution très prisée des voyageurs d'Europe du Nord qui n'aiment pas trop prendre l'avion. Les passagers en provenance du continent nord-américain (Etats-Unis et Canada) tâcheront de prévoir un jour ou deux pour la visite de Londres ou de la campagne du Kent ou du Hampshire.

PREPARER SON VOYAGE

Vous trouverez dans cette section toutes les informations nécessaires à la préparation de votre croisière : agences de voyages, considérations budgétaires, passeports, choses à emporter, etc.

COUT

En théorie, vous ne dépenserez que peu une fois embarqué si vous vous en tenez au strict minimum. Cependant, il faudra prévoir un budget pour vos boissons et vos dépenses personnelles à bord, pour vos excursions à terre et pour vos dépenses dans les ports d'escale. Pour économiser sur les repas pendant les escales de jour, prenez un petit déjeuner copieux à bord, déjeunez léger à terre et rattrapez-vous au dîner à votre retour à bord en fin de journée. Vous pouvez également économiser sur le prix des excursions en préparant vos propres sorties, à condition de bien s'organiser. Renseignez-vous auprès de votre agence de voyages sur l'unité monétaire en cours à bord du bateau (généralement le dollar américain ou l'euro).

Suppléments. Sont *compris* dans le prix du billet : tous les repas ; toutes les animations ; l'utilisation de la salle de sport et autres installations sportives (pas forcément toutes) ; les transferts depuis le port (normalement) ; les taxes portuaires ; le service en chambre (parfois) ; les trajets en bus vers le centre-ville (parfois) ; l'aller-retour en avion (en général) ; l'utilisation de la laverie automatique du bateau (habituellement) ; l'accès à la bibliothèque du bateau ; la soirée d'accueil du capitaine.

Ne sont *pas compris* : les boissons alcoolisées (sauf sur Silversea, Seabourn, SeaDream Yacht Club, Seven Seas Cruises et Hebridean Island Cruises) ; les pourboires (sauf mention contraire) ; l'assurance de voyage ; les soins au spa ; les excursions à terre (sauf sur Hebridean Island Cruises et Swan Hellenic) ; les soins médicaux ; l'accès Internet et les appels téléphoniques par satellite.

Certaines compagnies facturent également les prestations suivantes : visites à la passerelle de commandement ; utilisation de certaines installations sportives ; certains cours spécialisés comme le yoga ; eau minérale dans les cabines ; service en chambre ; thé et café ; trajets en bus. La plupart des armateurs appliquent un supplément pour les repas pris en dehors du restaurant principal.

Notez que le prix du billet sur easyCruise.com ne comprend aucun supplément. A l'exception du coucher, tout est payant, y compris les repas.

Taxes. La plupart des billets incluent les taxes portuaires et aéroportuaires. Les pays d'Europe appliquent différents taux de TVA sur les biens et services, et les prix sont généralement affichés TTC. Les non-résidents de l'Union européenne peuvent exiger le remboursement de la TVA sur leurs achats à leur retour dans leur pays d'origine. Ils devront alors s'adresser aux bureaux du réseau Global Refund dans les ports et les aéroports visités (liste des bureaux sur www.globalrefund.com).

Pourboires. Ils ne sont pas toujours compris dans le prix du billet (à vérifier), mais c'est le cas sur les bateaux de Silversea, Hebridean Island Cruises et SeaDream Yacht Club. Sur les autres, il est d'usage de laisser un pourboire à votre serveur, à votre steward et aux autres membres d'équipage même s'ils ne vous ont pas servi directement. Un pourboire de 15% est souvent ajouté aux notes du bar, surtout sur les navires transportant des passagers américains.

Certaines compagnies ajoutent automatiquement un montant suggéré à votre compte de bord, tandis que d'autres disposent une enveloppe dans votre cabine le dernier soir. Ne vous sentez pas obligé de laisser un pourboire si vous n'êtes pas satisfait du service, auquel cas vous ne manquerez pas de faire remonter vos griefs auprès du directeur du service hôtelier. Certains passagers estiment que le personnel n'est pas bien payé et que le pourboire est donc une nécessité ; d'autres préfèrent récompenser les services qui leur sont rendus personnellement ; d'autres encore pensent que c'est à la compagnie et non aux passagers qu'il revient de payer un salaire décent au personnel de bord. Outre le pourboire, le plus grand service que vous puissiez rendre à un membre d'équipage est d'écrire une lettre de félicitation à la direction.

HABILLEMENT

Etudiez attentivement votre itinéraire pour identifier le nombre de soirées habillées auxquelles vous aurez à assister. Pour celles-ci, la tenue vestimentaire exigée est le smoking. Il y a également des soirées en tenue de ville (pantalon avec chemise et/ou veste pour les messieurs, robe de cocktail pour les dames) et des soirées décontractées (tenue décontractée, à l'exclusion des shorts et des T-shirts sans manches). Sachez que certaines compagnies n'organisent pas de soirées habillées sous le climat méditerranéen.

Prévoyez un maillot de bain, des chaussures de marche pour les excursions, des sandales pour le pont, une tenue de sport si vous comptez utiliser la salle de sport, de la crème solaire, un chapeau, des pellicules ou des cartes-mémoires pour votre appareil photo (vendues très cher à bord), des jumelles, un petit parapluie, une canne pour marcher ou une canne-siège si vous souffrez d'une perte de mobilité, un petit sac à dos, des médicaments contre le mal de mer, et tout autre traitement que vous prenez habituellement (le médecin de bord n'en délivre pas). Si vous envisagez de louer une voiture pour une excursion indépendante, prenez votre permis de conduire et une pièce d'identité avec photo.

Pour ce qui est des choses à éviter : ne vous encombrez pas de livres (vous en trouverez à la bibliothèque de bord – *voir p. 242*), ni d'alcools achetés en boutiques hors-taxe (ils vous seront confisqués et remis à l'issue de la croisière). Enfin, les objets tranchants, pointus ou assimilables à des armes pourront également vous être confisqués à l'embarquement.

PASSEPORTS ET VISAS

Durant les croisières, les passagers laissent leur passeport à l'enregistrement pour le récupérer le dernier jour. Pour les excursions à terre, la compagnie se charge habituellement d'émettre un visa de groupe, tandis que des cartes d'identité individuelles sont remises aux passagers qui souhaitent quitter seuls le bateau. Certains pays réclament un visa individuel pour chaque passager ; votre agence de voyages ou votre compagnie maritime vous informera. Les compagnies ne sont pas habilitées à délivrer des visas de groupe pour les détenteurs de certains passeports, auquel cas il appartiendra au passager d'obtenir un visa individuel avant son départ.

RESERVER UNE CROISIERE

Rares sont les compagnies maritimes qui possèdent leur propre centrale de réservation, mais vous pouvez les contacter par téléphone pour recevoir une brochure ou obtenir les coordonnées de leur représentant local le plus proche.

Tous les sites Internet de voyage proposent aujourd'hui des croisières à prix réduits : www.expedia.fr, www.govoyages.com, www.promovacances.com ou www.voyages-sncf.com. D'autres se consacrent plus particulièrement aux croisières : www.abcroisiere.com, www.boutique-croisieres.com, www.costacroisieres.fr ou encore www.rivages-croisieres.com.

Bien sûr, il est également possible de réserver une croisière par l'intermédiaire d'une agence de voyages près de chez vous. Seuls certains voyagistes proposent des croisières.

SAISONS

La saison des croisières débute en avril et se prolonge jusqu'à début novembre mais, aujourd'hui, certaines compagnies proposent des croisières lors des fêtes de fin d'année. En haute saison (juillet et août), les ports sont envahis de touristes et il y fait souvent très chaud. En mai, juin et septembre, ce sera plus calme et plus frais.

Peu de compagnies maritimes opèrent exclusivement en Méditerranée tout au long de l'année. Certains navires de Costa Croisières, Fred Olsen, MSC, P&O et Thomson restent en Europe toute l'année, mais ils passent habituellement l'hiver aux Canaries.

SANTE

Assurance maladie. Les ressortissants de l'Union européenne bénéficient de soins hospitaliers d'urgence gratuits lorsqu'ils sont munis de la carte d'assurance maladie européenne (qui remplace le formulaire E111). Cependant, il est vivement conseillé de souscrire une assurance maladie complémentaire – c'est même obligatoire sur les bateaux de certaines compagnies.

Insectes. Les moustiques ne posent réellement problème que dans les ports, en soirée. Pour les combattre, emportez une crème ou un spray antimoustiques. Les guêpes sont nombreuses en juillet et août. Le risque de rencontrer des scorpions dans les zones rurales est assez faible. Les piqûres de guêpe et de méduse peuvent se traiter par des médicaments vendus sans ordonnance.

Médicaments et ordonnances. Les passagers sous traitement doivent emporter leurs propres médicaments, car le médecin de bord n'en délivre pas. Il est prudent de garder sur vous une copie de vos ordonnances en cas d'urgence.

Protection solaire. La brise marine aidant, il est facile de rester allongé de longues heures au bord de la piscine sans se méfier des coups de soleil. Pourtant, le soleil méditerranéen cogne fort et la réverbération de l'eau ne fait qu'accroître son intensité. Alors munissez-vous d'une crème solaire à haut indice de protection et mettez-en à chaque fois que vous sortez. Commencez par de brèves expositions, de préférence le matin ou en fin d'après-midi, quand le soleil est moins fort. Puis augmentez progressivement votre durée d'exposition tout en diminuant l'indice de protection de la crème solaire – sans l'éliminer complètement. Munissez-vous d'un chapeau à large bord, surtout si vous prévoyez des excursions, des sorties ou des activités sportives en pleine journée.

Vaccinations. Les risques sanitaires sont faibles en Méditerranée. Seul le vaccin contre la fièvre typhoïde est préconisé dans certains pays d'Afrique du Nord. Les principaux risques sont liés aux abus de soleil et d'alcool, ou à la consommation d'eau contaminée.

VIE A BORD

Les constructeurs navals proposent sans cesse de nouveaux loisirs à bord. Les paquebots modernes disposent de toutes les activités possibles et imaginables : patin à glace, mini-golf, mur d'escalade sur la cheminée, etc. Attendez-vous à trouver des parquets de basket, des discothèques avec piste tournante, ou encore un planétarium (comme sur le *Queen Mary II*). A l'inverse, les petits bateaux n'ont souvent qu'un bar et une bibliothèque.

ACTIVITES ET LOISIRS

Ventes aux enchères. N'espérez pas trouver des toiles de maîtres. Une vente aux enchères à bord est amusante, mais l'art mis en vente est très commun. Les amateurs d'art se rabattront plutôt sur les galeries des ports d'escale.

Jeux de société. Les bateaux de croisière proposent traditionnellement une large gamme de jeux de société. Un immense puzzle est souvent mis à la disposition de tous. Bon nombre de navires possèdent une salle de cartes pour les joueurs de bridge.

Casinos. La plupart des navires modernes ont leur propre casino. Dans certains cas, c'est le centre d'attraction du bateau ; dans d'autres, il est situé à l'écart, dans un endroit discret. Plusieurs compagnies comme Crystal Cruises offrent aux joueurs des boissons gratuites. Le casino reste ouvert jusque tard dans la nuit.

Des cours de jeux, distrayants et instructifs, sont parfois proposés dans la journée. Il règne dans les casinos de bord une ambiance généralement plus amicale et détendue que dans les établissements à terre, mais les mêmes règles s'appliquent. Fixez-vous un budget à ne pas dépasser et sachez vous arrêter à temps.

Les casinos de bord restent fermés lorsque les bateaux sont à quai, mais les ports de la Méditerranée en comptent plusieurs de réputation internationale, notamment Cannes, Marbella, Monaco et Palma. Pour y accéder, munissez-vous de votre passeport et habillez-vous correctement.

Cinéma et télévision. Tous les navires proposent un téléviseur dans chaque cabine, diffusant des programmes par satellite, des films et la chaîne de la compagnie maritime (téléachat, conférences télévisées). Bon nombre de paquebots disposent également d'un cinéma projetant des films récents. Certaines bibliothèques proposent également le prêt gratuit de cassettes vidéo et de DVD.

Conférences. De nombreux navires invitent des universitaires à donner des conférences sur des thèmes liés aux régions visitées, par exemple sur la biologie marine ou l'architecture mauresque. Ces conférences gratuites sont diffusées sur la chaîne télévisée de bord.

Bibliothèque. La bibliothèque de bord est un havre de paix qui offre une source inépuisable de lecture gratuite, des romans aux guides touristiques. Les navires s'adressant à une clientèle internationale proposent des ouvrages en allemand, en anglais, en français, en espagnol et en italien.

La plupart des bibliothèques disposent également d'une sélection de magazines. Des journaux sont également téléchargés par satellite, résumés, imprimés et distribués directement dans les cabines. Cette vieille tradition se perpétue, même si l'Internet et la télévision par satellite permettent désormais aux passagers de rester en contact avec le monde extérieur.

Concerts. L'offre, extrêmement variée, va du pianiste de concert au quatuor à cordes féminin de charme. Vous applaudirez d'excellents joueurs de jazz, orchestres et groupes reprenant les tubes de grands artistes (Madonna ou les Beatles par exemple).

Revues et spectacles. Des spectacles extraordinaires sont donnés en pleine mer. D'ailleurs, les installations techniques de certains navires n'ont rien à envier aux théâtres de Londres ou de Paris ! Vous pourrez assister à des comédies musicales célèbres, à des spectacles de cirque futuristes ou encore à de grands opéras.

ARGENT

Les passagers sont incités à enregistrer leur numéro de carte bancaire à leur embarquement pour le règlement de leurs dépenses à bord. A défaut, vous aurez une note à régler le jour de votre départ. Quoi qu'il en soit, pendant le voyage, vous devrez consigner toutes vos dépenses à l'aide d'une carte spécifique à votre bateau.

Le distributeur automatique se trouve en général près des boutiques ou du casino, et le bureau de change au commissariat de bord. Le taux y est souvent nettement moins avantageux qu'à terre. Lors des excursions, munissez-vous d'une carte bancaire ou d'une carte de crédit pour les gros achats, et d'espèces pour les petites sommes. L'euro est accepté en Croatie, à Malte et en Tunisie.

En dehors de la zone euro, vous pourrez changer des devises à bord (pour un coût élevé) ou retirer des espèces dans un distributeur à terre. Il y en a au moins un dans chaque terminal moderne.

Il n'est pas toujours pratique d'encaisser des chèques de voyage pendant les excursions à terre ou lors des escales aux ports, qui ne vous laissent que peu de temps, mais les chèques de voyage demeurent un moyen très sûr de transporter son argent.

COMMUNICATIONS

Internet. Le mieux pour les passagers de croisière consiste à souscrire un compte webmail avant leur départ. Cette solution s'avère plus économique et plus fiable que la réception de messages électroniques par le système du bateau.

Téléphone. L'utilisation des téléphones par satellite à bord des navires est onéreuse. Il revient moins cher d'attendre une escale pour téléphoner d'un port, ou d'utiliser votre propre portable si vous avez souscrit l'option internationale – en mer, vous serez généralement hors de portée des relais de téléphonie mobile. La plupart des navires proposent l'accès Internet, mais les tarifs sont très variables.

ETIQUETTE

Passerelle de commandement. Pour des raisons de sécurité, l'accès à la passerelle de commandement n'est que rarement autorisé. Quelques petits bateaux de Star Clippers, SeaDream Yacht Club et Hebridean Island Cruises ont cependant une politique « passerelle ouverte », qui permet de s'y rendre la plupart du temps, sauf en présence des pilotes pour l'entrée et la sortie des ports.

Capitaine et membres d'équipage. Si vous avez la chance et l'honneur d'être invité à la table du capitaine, répondez aussitôt. Observez le code vestimentaire de la soirée et soyez à l'heure.

Inutile d'essayer de vous lier avec un membre d'équipage pour accéder au bar du personnel. C'est un espace strictement privé et le personnel n'a guère le temps d'en profiter. De plus, le bateau n'est pas assuré pour les passagers qui s'aventureraient en dehors des zones qui leur sont réservées et toute personne qui vous y aurait conduit risquerait de graves ennuis.

Compagnons de voyage. Si vous n'avez pas d'atomes crochus avec vos voisins de table, demandez discrètement au maître d'hôtel à changer ; c'est une pratique courante. Le plus tôt sera le mieux.

Si quelqu'un accapare une chaise longue en y laissant traîner ses affaires, ôtez les effets personnels et prenez la chaise. C'est ainsi que cela se passe, alors attendez-vous à subir le même traitement.

Ne vous étonnez pas si d'autres passagers vous demandent combien vous avez payé votre croisière. Pour certaines personnes, la chasse aux bonnes affaires est un véritable sport. Bien sûr, vous n'êtes pas obligé de répondre.

Tabagisme. La plupart des compagnies maritimes appliquent une politique non-fumeurs stricte dans les lieux publics (il y a parfois un salon fumeurs). Si votre voisin de cabine vous envoie de la fumée par son balcon, vous devrez demander à changer de cabine.

RESTAURATION

Il n'est pas exagéré d'affirmer qu'il est possible de manger 24h/24 lors d'une croisière, aussi tâchez de vous réfréner sous peine de devoir quitter le bateau par hélitreuillage à la fin du séjour ! Le billet couvre généralement tous les repas, sauf lorsqu'il y a un restaurant gastronomique à bord. Les boissons sont également incluses sur les bateaux de Silversea, Seabourn et SeaDream Yacht Club, tandis que seul le vin est compris sur les navires Radisson.

Bars. Toutes sortes de bars sont disponibles à bord, du café chic au pub irlandais. Les bars à champagne sont actuellement très en vogue ; vous en trouverez un sur le *QE2* et sur certains navires de Royal Caribbean. Les consommations peuvent être créditées à votre compte. Attention au pourboire de 15%, souvent automatique.

Cafés. Les files d'attente devant les cafés indiquent combien le café et le thé généralement servis sur les paquebots de croisière sont mauvais. Cependant, la plupart des bateaux modernes disposent de machines à cappuccino et à espresso. Les cafés sont souvent dotés d'ordinateurs pour l'accès Internet. Pour les amateurs de traditions britanniques, l'*afternoon tea* (thé, gâteaux et sandwiches) est servi l'après-midi sur de nombreux navires.

Repas. En dehors du restaurant principal, les bateaux proposent un ou plusieurs établissements spécialisés (souvent italien, japonais, mexicain ou méditerranéen), où vous paierez un supplément pour un menu varié et un décor haut de gamme. Ces restaurants, très prisés, sont à réserver le plus tôt possible. Certains sont exceptionnels.

Sur certains bateaux, le restaurant propose deux à quatre services, tandis que sur d'autres, il est libre d'accès, ce qui signifie que vous pouvez y manger quand vous le souhaitez. Sur les navires de moins de 100 passagers, il y a généralement un seul service, lors duquel tous les convives doivent manger ensemble. Tous les bateaux proposent également une option plus décontractée, avec dîner en plein air lorsque le temps le permet.

Ne manquez pas les buffets à thème, souvent spectaculaires. Végétariens, végétaliens et personnes observant un régime font généralement l'objet d'une attention particulière.

Service en chambre. Généralement compris dans le prix du billet, ce service est parfois en supplément ou indisponible sur les croisières à prix modeste. Il va du rudimentaire au plus luxueux, digne d'un cinq-étoiles, avec la possibilité de se faire porter du caviar au milieu de la nuit. Sur de nombreux bateaux, les cabines sont équipées de machines à café et à thé.

SERVICES RELIGIEUX

Des offices interconfessionnels sont donnés par le capitaine ou l'aumônier. Les navires affrétés par des communautés juives embarquent un rabbin et servent parfois de la nourriture casher.

Si vous êtes vêtu de façon adéquate, vous pourrez assister à des offices religieux à terre dans une église ou une mosquée (les femmes et les non-musulmans ne sont pas autorisés à aller prier dans les mosquées). Pour obtenir plus de détails et tous les horaires des services, rendez-vous à l'office de tourisme de la région visitée.

SOINS MEDICAUX ET HYGIENE

Tous les bateaux de croisière embarquent obligatoirement un médecin et une infirmière (à l'exception des cargos et des yachts privés transportant moins de 12 personnes). Les infirmeries de bord sont plus ou moins bien équipées, mais le médecin est formé pour faire face à la plupart de problèmes de santé, y compris les infarctus et les crises d'appendicite. Les personnes dans un état grave sont soit stabilisées jusqu'au prochain port, soit évacuées par hélicoptère. Les consultations médicales à bord sont payantes, même si les médicaments contre le mal de mer sont distribués gratuitement sur de nombreux bateaux. Les passagers sous traitement doivent emporter leurs propres médicaments, car le médecin n'en délivre pas.

Comme tous les hôpitaux et hôtels, les bateaux de croisière sont des lieux privilégiés pour le développement d'un virus gastro-intestinal très répandu, le norovirus, qui se propage rapidement. Si vous souffrez de diarrhée, de vomissements et de fièvre, consultez le médecin de bord sans tarder. Pour éviter la contamination, utilisez les serviettes antiseptiques de bord et lavez-vous bien les mains.

Eau potable. Si vous êtes sujet aux maux d'estomac, évitez de boire l'eau du robinet, bien qu'elle soit parfaitement saine dans la plupart des pays méditerranéens, à l'exception peut-être de l'Afrique du Nord. Vous trouverez partout de l'eau en bouteille. Sur les navires, l'eau du robinet est potable ; fortement chlorée, elle a un goût désagréable – ce qui explique également le mauvais goût du thé et du café servis à bord. Tous les bateaux proposent de l'eau en bouteille, souvent à supplément.

SPORTS ET SPAS

Sur le pont. Le paddle tennis, une sorte de tennis qui se joue sur un court réduit, est très prisé lors des croisières. Le court peut également servir de terrain de volley ou de basket. Mais le sport traditionnel de la croisière est le jeu de palet, proposé sur la plupart des navires. Vous trouverez également des infrastructures de golf pour vous entraîner, ainsi que des pistes de jogging, des murs d'escalade et des tables de ping-pong.

Salles de sport. La plupart des bateaux disposent d'une salle moderne, équipée d'un matériel plus impressionnant que dans bien des clubs. Vous pourrez également participer à des cours et autres activités à la mode comme le yoga (en supplément).

Spas. Les spas des bateaux de croisière rivalisent aujourd'hui avec ceux de la terre ferme. Nombre d'entre eux sont gérés par Steiner (y compris la marque Mandara), avec quelques exceptions notables, dont les concessions accordées à la chaîne française Carita sur les navires de Radisson Seven Sea Cruises. Tous les soins et les massages dernier cri y sont proposés, moyennant paiement. Les prix sont ajustés en fonction de la clientèle, alors attendez-vous à payer plus cher sur un bateau haut de gamme.

Piscines et jacuzzis. Chaque navire possède au moins une piscine d'eau de mer et un jacuzzi sur le pont, mais les grands paquebots ont trois ou quatre piscines, plusieurs jacuzzis et toboggans. Pour la mi-saison, certains navires déploient un toit rétractable au-dessus d'une piscine. Lorsque la mer est forte, les piscines sont vidées.

Sports nautiques. Certains petits bateaux possèdent une plateforme qui peut être abaissée à la poupe pour la pratique de sports nautiques (natation, planche à voile, ski nautique ou dériveur). Tout le matériel nécessaire se trouve à bord du navire et il est généralement mis à disposition gratuitement. Les gros bateaux ont parfois des accords avec certaines stations balnéaires de la Méditerranée pour la pratique de sports nautiques. Enfin, certains transportent un bateau de plongée équipé de tout le matériel nécessaire.

ESCALES

Après une journée en mer, passer du temps dans un port méditerranéen s'avère particulièrement agréable. Visiter par ses propres moyens ne devrait pas poser de problème aux voyageurs expérimentés. Les excursions organisées sont chères, mais les compagnies s'efforcent de fournir un niveau de prestation élevé.

EXCURSIONS A TERRE

Source de revenus considérables pour les armateurs, les excursions à terre représentent un coût important pour le passager, à l'exception des croisières de Swan Hellenic et Hebridean Island Cruises, où elles sont comprises. Mieux vaut réserver le plus tôt possible, ce qui est possible en ligne chez certains croisiéristes. Les visites populaires affichent rapidement complet, mais ne vous sentez pas obligé de tout réserver avant le départ ; deux jours de répit peuvent être agréables. Commencez par réserver les sorties que vous considérez incontournables, puis attendez d'être à bord pour le reste ; vous déciderez alors en fonction de la météo, de votre humeur du jour et des conseils que vous donneront d'autres passagers.

Une excursion donne un aperçu général d'un endroit que vous ne connaissiez pas ou une vision détaillée d'un site particulier, par exemple Pompéi en Italie ou Ephèse en Turquie. Ce peut être l'occasion de pratiquer un nouveau sport en groupe, comme le kayak ou le VTT. Si vous souhaitez simplement vous attarder dans un musée, faire du shopping ou prendre un repas gastronomique, optez plutôt pour une visite libre. Les visites guidées prévoient des quartiers libres, souvent brefs, et vous vous retrouverez parfois dans des magasins où vous ne seriez pas allé spontanément, par exemple un quelconque atelier de poterie ou marchand de tapis.

Le prix des excursions varie de 20 à 45 $ pour un circuit découverte d'une ville, jusqu'à plus de 300 $ pour une sortie d'une journée comprenant les entrées aux différents sites et un repas correct. Les tarifs sont rarement affichés en euros, mais plutôt en dollars américains, voire en livres sterling sur les bateaux des compagnies britanniques comme P&O, Fred Olsen ou Ocean Village.

De nos jours, nombre de compagnies (notamment en haut de gamme) proposent des offres exclusives, par exemple une promenade en bateau à moteur sur les canaux de Venise (150 $). Crystal Cruises propose même une sortie d'une journée en hélicoptère, avec survol de Naples, du Vésuve, de Pompéi et d'Herculanum, et escale sur l'île de Capri pour le déjeuner (environ 2 000 $).

Réservations. Il y a plusieurs façons de réserver vos excursions. De nombreux armateurs (dont Crystal Cruises, NCL et Royal Caribbean/Celebrity) incitent à réserver par Internet avant le départ. D'autres envoient des formulaires de pré-réservation. Vous pouvez également vous adresser au guichet des excursions à bord, mais prévoyez une longue file d'attente le jour de l'embarquement. Consultez le programme de bord pour connaître les dates-limites de réservation ; les inscriptions ferment généralement deux jours avant la sortie pour permettre aux voyagistes à terre de s'organiser.

Réserver à l'avance donne une certaine tranquillité d'esprit une fois à bord, mais il sera plus difficile de vous faire rembourser si par exemple le bateau doit modifier une escale ou si vous annulez votre croisière pour cause de maladie. Mieux vaut payer par carte de crédit pour obtenir le remboursement auprès de la société émettrice.

VISITES LIBRES

Il y a maintes façons de se déplacer en Méditerranée : marche à pied, cyclisme, hors-bord ou voiture de location, taxi ou cyclomoteur pour la journée, transports en commun (ferry, bus ou train), etc. Pour louer un véhicule, vous devrez présenter votre permis de conduire et une pièce d'identité avec photo. Souvenez-vous que certains pays d'Europe continentale sont réputés pour leur style de conduite agressif. Les piétons devront également se méfier car les passages piétonniers ne sont pas souvent respectés.

Effectuez quelques recherches avant votre arrivée, munissez-vous d'un bon plan et vérifiez que les horaires des transports publics (par l'exemple l'hydroglisseur qui relie Sorrente à Capri) coïncident avec les heures de départ et d'arrivée de votre navire. Si vous comptez manger dans un grand restaurant, réservez votre table. Vérifiez les heures d'ouverture des principaux musées ; nombre d'entre eux ferment un jour par semaine, et parfois entre midi et 14h. Pour vos achats, évitez les heures les plus chaudes de la journée ; enfin, de nombreux magasins ferment en début d'après-midi.

Pour économiser de l'argent, essayez de louer un minibus ou un grand taxi avec plusieurs autres passagers de votre bateau ; négociez le prix de la course au préalable.

En cas de retard, si le navire part sans vous, vous devrez le rejoindre à la prochaine escale par vos propres moyens et à vos frais.

COMPAGNIES MARITIMES

Costa Croisières (www.costacroisieres.fr). Filiale italienne de Carnival Corporation. La flotte comprend des navires d'âges variables, avec de grands bateaux modernes parfaitement adaptés aux croisières en Méditerranée. Passagers de diverses nationalités (surtout des Italiens) et de tous âges.

Crystal Cruises (www.crystalcruises.com). De grands navires élégants qui sillonnent les mers du globe (celles d'Europe en été), offrant des croisières de luxe dans le confort d'un grand paquebot.

Cunard (www.cunard.be, www.cunard-france.com, www-cunard. com). Cunard, l'armateur du *Queen Elizabeth II*, organise des croisières au départ de la Grande-Bretagne ou des formules croisières + avion de différents ports méditerranéens.

easyCruise.com (www.easycruise.com). La dernière entreprise de l'empire easyGroup. Grande flexibilité sur des croisières d'une semaine le long des côtes françaises et italiennes, la seule obligation étant de passer au moins deux nuits à bord du bateau. Destiné aux esprits aventureux et aux petits budgets. Escales à Saint-Tropez, Cannes, Nice, Monaco, Imperia (pour San Remo), Gênes et Portofino et liaison aérienne possible avec Nice et Gênes par easyJet. Cabines minimalistes et tarifs extrêmement compétitifs.

Hebridean Island Cruises (www.hebridean.co.uk). Petits navires de luxe pour des itinéraires originaux en Ecosse et en Méditerranée.

Holland America Line (www.hollandamerica.com ; Silver Blue, tél. 03-491 0459 en Belgique, Gallic Croisières, tél. 01 45 53 20 50 en France, InterContact Cruises, tél. 44 796 3131 en Suisse). Filiale de Carnival Corporation. Importante flotte de navires élégants qui s'adressent surtout à une clientèle de seniors américains. Plusieurs itinéraires pleins d'aventure en Europe.

Island Cruises (www.islandcruises.com). Un grand bateau à l'ambiance détendue qui propose des croisières de sept nuits au départ de Palma de Majorque.

Louis Cruise Lines (www.louiscruises.com ; Navibelgium, tél. 02-513 6115 en Belgique, Croisifrance, tél. 01 42 66 97 25 en France, Delphi Reisen, tél. 44 718 4888 en Suisse). Croisières de deux ou trois nuits à petits prix au départ de Chypre.

Mediterranean Shipping Company (MSC) (www.msccruises.com ; tél. 02-334 9450 en Belgique, tél. 1-800 666 9333 au Canada, tél. 01 48 04 76 20 en France, tél. 61 270 9470 en Suisse). Croisières animées et bon marché pour tous âges et toutes nationalités.

Norwegian Cruise Line (www.eu.ncl.com ou www.ncl.ch). Grand pionnier des croisières informelles. Tous les navires offrent un cadre détendu et un grand choix de restaurants. S'adresse surtout à une clientèle américaine de tous âges, y compris les familles.

Ocean Village (www.oceanvillageholidays.co.uk). Un navire moderne et branché orienté vers une clientèle jeune, pour des croisières de sept nuits au départ de Palma. Une division de Carnival.

Orient Lines (www.orientlines.com). Croisières culturelles pour une clientèle internationale à bord de l'élégant *Marco Polo*.

P&O Cruises (www.pocruises.com ; tél. 01 53 43 20 13 en France, tél. (1) 227 4120 en Suisse). Grands navires modernes qui s'adressent surtout au marché britannique, parfaits pour les familles.

Princess Cruises (www.princesscruises.com). Grands navires modernes et luxueux s'adressant à une large clientèle.

Radisson Seven Sea Cruises (www.rssc.com).

Royal Caribbean International/Celebrity Cruises (www.royal caribbean.com et www.celebritycruises.com). Celebrity est plus haut de gamme. Gros navires modernes et luxueux. RCI s'adresse à une clientèle familiale et croise en Méditerranée en été.

SeaDream Yacht Club (www.seadreamyachtclub.com). Yachts de luxe de 100 passagers ; ambiance sophistiquée mais détendue.

Silversea Cruises (www.silversea.com). Grand luxe ; quatre navires élégants et tout confort pour une clientèle internationale.

Star Clippers (www.starclippers.com). Croisières romantiques à bord d'élégants clippers. Clientèle internationale.

Swan Hellenic (www.swanhellenic.com). Croisières culturelles à bord de l'élégant *Minerva II*, qui croise en Europe durant l'été.

Thomson Cruises (www.thomson.co.uk). Croisières en Méditerranée de sept ou 14 nuits à bord de navires bien équipés.

Voyages of Discovery (www.voyagesofdiscovery.com). Croisières culturelles à des prix abordables.

Windstar Cruises (www.windstarcruises.com). Grands yachts de luxe naviguant partiellement à la voile. Ambiance romantique prisée pour les voyages de noces.

Yachts of Seabourn (www.seabourn.com). Croisières à bord d'élégants yachts et escales dans les ports les plus chic de la Méditerranée. Formules tout compris, très haut de gamme.

INDEX